KB184119

AI로 팔아라

더 빠르게 더 효과적으로 모든 것을 팔 수 있는 시대

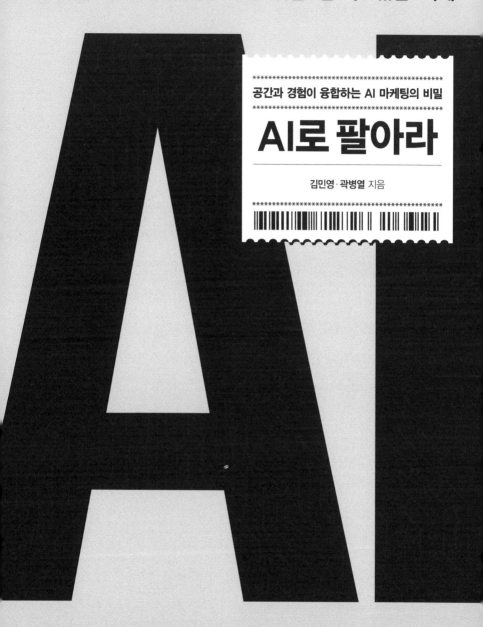

공간과 경험이 융합하는 AI 마케팅의 비밀

AI로 팔아라

김민영·곽병열 지음

한스미디어

마케팅과 비즈니스의 최전선에서, AI는 어떻게 최강의 무기가 되는가

2024년 노벨 과학상의 진정한 승자는 바로 'AI'였습니다. 물리학상 수상자들은 인공신경망의 기초를 확립하며 현대 AI 기술 근간을 마련한 공로, 그리고 화학상 수상자들은 AI를 통해 단백질 구조를 정확히 예측하는 방법을 개발하여 신약 개발에 혁신적인 기여를 한 점이 수상 이유였습니다. 이는 전통적인 물리학상과 화학상 수상자들과는 확연히 다른 AI 기술을 통해 기존의 연구 방법론을 혁신하고 놀라운 과학적 발견을 이뤄낸 것입니다. 즉 AI는 단순한 보조 도구가 아닌 복잡한 문제 해결에 있어서 인간의 한계를 극복하고 미래 변화의 문을 여는 열쇠가 된 것입니다.

이러한 미래 혁신의 아이콘, 'AI'는 날마다 고객 선점과 시장점유율의 치열한 전투가 벌어지는 마케팅과 비즈니스 전선에 있어서 승자와 패자를 가르는 '신의 한 수'가 될 것이 유력합니다. 과학기술의 발전은 늘 시장을 제패하는 승리의 기업을 낳았고 역사 속으로 사라지는 기업도 만들었습니다. 1995년 윈도우95 이후 도래한 인터넷 시대, 2007년 아이폰 탄생 이후 모바일인터넷 시대를 떠올리면 적극적으로 호랑이 등에 올라탄 기업들과 마지못해 호랑이 꼬리라도 잡아보려던 기업들의 흥망성쇠는 너무도 뚜렷했습니다. 가까운 예로 모바일인터넷 시대가 본격화되면서 주인공이 된 쿠팡, 무신사는 어느덧 전통의 강자들을 제치고 동종 업계 1위를 장악한 지 오래되었습니다. 이렇게 2024년 노벨 과학상 수상자들이 그랬던 것처럼, 이제는 단순히 기술을 활용하는 차원을 넘어 AI와 함께 일하고 AI를 통해 고객과 더욱 깊이 연결되는 전략을 고민해야 할 때입니다.

이런 맥락을 마케팅에 적용할 때 결국 'AI 마케팅'이라는 핵심 키워드로 기업들과 마케터들에게 귀결됩니다. 무엇보다 오늘날의 시장 환경은 그 어느 때보다 복잡하고 불확실합니다. 소비자들은 하루가 다르게 변화하는 환경 속에서 더 스마트하고, 더 독립적인 선택을 하고 있으며, 그들의 관심은 한순간도 일정하지 않습니다. 단지 제품을 만들어 내놓는 것만으로는 소비자에게 선택 받기가 너무도 어려운 시대인 것입니다.

그렇다면 이렇게 난해하고 복잡한 환경 속에서 마케터들은 어떻게 해야 할까요? 바로 AI가 해답이 될 수 있습니다. AI는 방대한 데이터를 분석하고 소비자 심리를 이해하는 데 있어 그 어떤 도구보다도 탁월합니다. AI는 수십억 개의 데이터 포인트를 순식간에 처리하여 소비자의 관심과 행동 패턴을 도출하고, 그로부터 얻어진 인사이트를 통해 맞춤형 전략을 제안합니다. 마케터들은 이제 막연히 감이나 추측이 아닌, AI라는 과학에 기반해 치밀한 전략을 세울 수 있습니다.

또한 생성형 AI는 마케터들에게 콘텐츠 제작의 속도와 효율성을 크게 높이는 도구로 자리 잡고 있습니다. 텍스트, 이미지, 영상 등 다양한 콘텐츠를 자동으로 생성해 마케팅 캠페인에 신속히 활용할 수 있게 해주며, 소셜 미디어 포스트나 광고 카피 작성이 더욱 빠르고 간편해졌습니다. 그리고 AI는 고객 데이터를 분석하여 개별 소비자의 관심사와 행동에 맞춘 개인화된 메시지를 제공할 수 있어 소비자와의 정서적 연결을 강화합니다. 실시간 반응을 분석하고 다음 콘텐츠를 최적화하여 캠페인의 효과성을 높이는 점도 큰 장점입니다. 이처럼 생성형 AI는 마케터들이 더욱 창의적이고 유연한 전략을 운영하게 해주며, 고객 맞춤형 경험을 통해 브랜드와 소비자 간의 관계를 더욱 깊이 있게 만들어줍니다.

우리는 이 핵심에 다가서려 합니다. AI가 기업과 마케터들에게 제공하는 새로운 기회를 살펴보며, 이를 통해 더 개인화되고, 더 정교한 마케팅 전략을 설계할 수 있는 방법을 제시하고자 합니다.

첫 장, 'AI가 오다'에서는 AI의 등장과 기술의 발전이 우리에게 제공하는 가능성에 대해 논의합니다. AI는 예술, 상업, 엔터테인먼트 등 다양한 영역에서 혁신을 일으키며 단순한 보조 도구 이상의 역할을 하고 있습니다. 음악과 패션에서부터 광고와 커머스에 이

르기까지, AI는 창의적인 아이디어와 기술을 결합하여 우리에게 새로운 방식의 소통을 제안합니다. 이 장에서는 특히 AI가 단순히 기술적 도구를 넘어 소비자와의 관계에 있어서도 강력한 변화를 이끌어내고 있음을 살펴볼 것입니다.

두 번째 장, 'AI를 보다'에서는 AI가 제품과 서비스를 개인화하는 방식을 다룹니다. 오늘날 소비자들은 자신에게 최적으로 맞춤화된 경험을 기대합니다. AI는 소비자가 필요로 하는 것을 미리 예측하고, 이를 바탕으로 가장 적합한 제품과 서비스를 제공하는 데 중추적인 역할을 합니다. 예전의 마케팅 방식은 소비자가 누구인지 알아가는 데 많은 시간과 노력이 필요했지만, 이제 AI는 방대한 데이터를 분석해 소비자 개개인의 행동을 예측하고 최적화된 경험을 제공합니다. 이는 AI가 단순한 분석 도구가 아닌, 기업과 소비자 간의 관계를 새롭게 정의하는 파트너로 자리매김하고 있음을 보여줄 것입니다.

세 번째 장, 'AI로 열다'에서는 AI가 새로운 시장과 기회를 열어가는 방식을 다룹니다. AI는 전통적인 시장 접근 방식을 넘어 데이터 기반의 AI 마케팅으로 인해 시장을 재편하고 새로운 소비자층을 유입시키고 있습니다. 예를 들어 챗봇, 가상 AI 비서, AI 기반의 이미지 생성 도구 등 다양한 AI 응용 프로그램들은 고객에게 보다 개인화된 경험을 제공하고, 그로 인해 소비자와의 연결을 강화하고 있습니다. 이 장에서는 AI 마케팅이 단지 기술적 혁신에 그치지 않고, 마케팅과 비즈니스 전반의 패러다임을 어떻게 바꾸고 있는지 살펴보게 됩니다. 이는 마케팅 전문가들에게 AI가 단순한 기술을 넘어 경영 전략의 핵심 자산으로 작용할 수 있는 가능성을 살펴볼 것입니다. .

네 번째 장, 'AI로 팔다'에서는 실질적인 마케팅 도구로서의 AI의 역할을 조명합니다. AI 챗봇을 통해 소비자와 상호작용을 강화하고, 검색 데이터 분석을 통해 보다 정밀한 타깃팅을 가능하게 하며, 소셜 미디어에서의 AI 활용으로 마케팅 자동화를 실현하는 방법을 소개합니다. 이 장은 AI를 활용한 판매 전략이 어떻게 브랜드와 소비자 간의 긴밀한 관계를 형성하고 유지하는 데 기여할 수 있는지에 대해 구체적으로 설명할 것입니다. AI는 단순히 판매 수단을 넘어 고객과의 관계를 형성하고, 이를 지속적으로 강화할 수 있는 강력한 도구로 활용할 수 있습니다.

마지막 장, 'AI로 날다'에서는 AI 마케팅의 궁극적인 목표와 방향성을 제시합니다. AI가 우리의 일상과 밀접해지며 그 영향력이 증가함에 따라, 기업들은 더 깊이 있는 고객 관계 구축을 위해 AI를 효과적으로 활용할 필요가 있습니다. 마케터들은 AI를 통해 예측 가능한 마케팅 전략을 세우고, 실시간으로 변화하는 시장 환경에 발맞춰 유연하게 대응할 수 있는 기반을 마련하게 됩니다. AI는 마케팅 전략의 전반에 걸쳐 인사이트를 제공하며, 고객의 행동을 예측하여 보다 개인화된 경험을 제안합니다.

이 책은 AI가 단순한 기술이 아니라 기업과 고객이 서로 더욱 가까워질 수 있는 매개체로서의 역할을 한다고 강조하며, 마케팅 전략이 더 큰 가치와 목적을 지니도록 유도합니다. 이 책《AI로 팔아라》는 AI 기술이 가져다줄 새로운 비즈니스 기회를 놓치지 않고 활용하고자 하는 '호랑이 등에 올라탈' 적극적인 미래 주인공 기업들과 마케터들에게 강력한 지침서가 되고자 합니다. 변화의 속도가 점점 빨라지는 현시대에 AI는 단순한 선택이 아닌 필수가 되었습니다. 이 책을 통해 AI가 제공하는 무한한 가능성을 탐색하며, AI를 통해 더 효과적인 마케팅을 구현하고, 고객과 더 깊이 연결되는 방식을 고민하시기 바랍니다.

곽병열

차례

1장

AI가 오다

Here Comes AI

AI, 어디까지 왔을까?

아트부터 커머셜까지

최근 칸예 웨스트(Kanye West)의 인공지능(AI) 뮤직비디오가 큰 화제를 모으고 있습니다. 칸예 웨스트는 미국의 래퍼, 싱어송 라이터, 프로듀서, 패션 디자이너, 기업가로, 그의 다양한 재능과 창의력으로 유명한 셀럽입니다. 특히 칸예는 창의적이고 실험적인 요소를 담은 음악을 통해 음악의 혁신에 많은 공을 세웠습니다. 그는 본인의 브랜드인 이지(Yeezy)를 통해서도 많은 영향력을 행사하고 있습니다. 이지는 스니커즈 및 스트리트웨어에서 시작해 무엇보다도 시대를 초월하는 스타일과 혁신적인 디자인을 특징으로 하고 있습니다. 칸예 웨스트는 이 밖에도 미술과 설계 분야에서도 활발하게 활동하고 있습니다. 그의 창작 활동은 예술적 경계를 넓히는 데 기여하고 있으며, 특히 그의 뮤직비디오와 무대 디자인은 시각적으로 독창적이고 혁신적입니다.

그런데 칸예 웨스트의 혁신과는 상관없이 만들어진 뮤직비디오가 음악 마니아들을 충격에 빠뜨렸습니다. AI 전문가 로베르토 닉슨(Roberto Nickson)이 만든 뮤직비디오가 그 주인공입니다. 이 뮤직비디오는 칸예의 목소리를 AI로 생성해 그의 스타일로 랩을 재현했습니다. 닉슨은 유튜브에서 칸예 스타일의 비트를 찾아 8마디 랩을 작성하고, 이를 AI로 변환해 칸예의 목소리로 바꿨다고 합니다. 뮤직비디오 역시 대표적인 AI 툴인 미드저니(Midjourney)를 활용해서 제작되었습니다. 누가 봐도 칸예 웨스트의 색깔이 담겨 있는 이 뮤직비디오는 음악 산업에 큰 변화를 예고하고 있습

칸예 웨스트의 목소리를 AI로 생성해 만든 뮤직비디오

니다.

칸예 웨스트의 뮤비로 AI의 음악 영역에 대해 궁금증이 생겼습니다. 생각보다 음악 영역에 AI 적용이 많이 되어 있었습니다. 내가 만든 가사를 넣으면 작곡해주는 AI, 내가 7분 동안 말을 하면 내 보이스를 인식해서 노래로 바꿔주는 AI, 내 보이스를 튜닝해주는 AI, 가상의 보이스를 만들어 노래를 변환시켜주는 AI, 텍스트를 외국어로 읽어주는 AI 등이 이미 여기저기서 활용되고 있습니다. 외국어 발음도 영어는 영국, 미국, 호주 발음 선택이 가능합니다. 필자는 이 AI들을 어떻게 활용했을까요? 아이의 영어학원 레벨 테스트 준비에 활용해보았습니다. 원하는 영어학원의 레벨 테스트를 보려면 에세이의 긴 지문을 여러 가지 형태로 외워야 합니다. 그냥 외우는 것보다는 음악으로 만들어 외우는 것이 훨씬 쉽겠다는 생각이 들어서 이 레벨 테스트용 라이팅(Writing) 모델 에세이를 글의 내용에 맞는 장르의 음악으로 만들었습니다.

그렇다면 이러한 변화는 음악 업계에만 해당될까요? 모두 예상하시겠지만 답은 "아니오"입니다. 광고 업계 역시 빠른 속도로 변화하고 있습니다. 뒤에서 마케팅에 대한 내용을 좀 더 자세하게 다루겠지만, AI를 활용한 마케팅 사례를 간단하게 언급하겠습니다. 2023년 챗GPT가 등장하자마자 저와 저희 동료들은 남들이 하지 않은 마케팅, 차별화된 마케팅을 시도하기에 너무 좋은 기회가 왔다고 생각했습니다. 당시 필자는 패션 버티컬에서 근무 중이었는데, 패션 업계에 대해 먼저 이야기해보겠습니다.

다른 제조업과는 달리 패션에는 패션 위크(Fashion Week)라는 것이 있고 시즌 트렌드라는 것이 존재합니다. 예를 들어 어떤 해는 바지통이 넓은 것이 유행하고, 어떤 해는 정말 쫄바지보다 더 하게 핏(fit)한 옷들이 유행합니다. 그렇다 보니 패션은 풀 마케팅(Pull Marketing)보다는 푸시 마케팅(Push Marketing)이 더 적합한 분야입니다. 다른 제조 업체들은 고객의 언메트 니즈(Unmet Needs, 미충족 수요)를 파악하는 데 많은 공을 들이는 반면, 패션은 트렌드에 집중합니다. 결국 패션 트렌드에 따라서 내 취향이 아니더라도 유행하는 제품을 사야 할 때가 많고, 또 커스터마이즈드(Customized)에 대해 발전이 좀 느린 편입니다. 그런데 AI라는 기술이 나왔습니다. 모든 옷에 적용은 어렵겠지만 스웨트셔츠나 티셔츠에는 개인화가 적용될 수 있을 것 같다는 희망이 보였습니다.

이런 생각들을 통해 나온 프로젝트가 바로 챗GPT를 활용해 아트와 패션을 연결하는 캠페인입니다. AI 아트웍 프로젝트는 챗GPT의 기술을 활용해 소비자가 상상하거나 원하는 키워드를 글로 적고 원하는 화가의 화풍을 고르면 아트웍이 현장에서 직접 그려지고, 이를 티셔츠에 프린트하거나 엽서로 만드는 형태로 기획되었습니다. 결국 챗GPT를 통해 브랜딩 활동도 하고 고객의 니즈도 맞춰줄 수 있게 된 것이었습니다. 이 프로젝트의 결과는 어떠했을까요? 소비자들의 높은 호응과 언론의 뜨거운 취재 열기가 저

AI 아트웍 프로젝트

| 네 가지
테마 중에 선택
(흑백, 카툰, 픽셀,
팝아트) | 키워드 입력
(예: 신문을 읽고
있는 곰) | AI가
네 가지 버전의
아트웍 생성 | 티셔츠
프린팅 후 수령 | 오프라인
이벤트 진행 |

자료: 언론 종합

희 프로젝트의 결과를 말해주었다고 생각합니다.

또한 3D 프린터기를 활용해 제작된 3D 마네킹도 선보였습니다. 이 마케팅을 통해 고객에게 사람이 직접 옷을 입은 것 같은 좀 더 생동감 있는 회사의 대표 컬렉션들을 보여줄 수 있었습니다. 거기에 증강현실(Augmented Reality, AR) 필터를 더해 QR코드를 찍으면 실제 옷이 입체적으로 보이고 360도 회전하는 콘텐츠로 발전시켰습니다.

버티컬 플랫폼(Vertical Platform)들에게 당면한 많은 과제 중에서 가장 먼저 개선해야 할 것을 고르라고 한다면 단연 1위는 취소·반품률일 것입니다. 특히 패션을 다루는 버티컬들에게 취소·반품률은 여전히 연구 대상입니다. 시즌마다, 브랜드마다, 디자인마다 사이즈는 달라집니다. 소재가 달라져도 옷을 입었을 때 느낌이 달라지고, 또 길이에 따라서도, 핏에 따라서도, 고객의 취향에 따라서도 사이즈는 각각 다르게 느껴집니다. 이렇게 달라지는 요인들을 통제하면 좋겠지만, 트렌드에 민감한 패션업에서는 디자인의 자유가 곧 브랜드의 생명력이기 때문에 다른 제조 제품과는 달리 스펙이 자주 변할 수밖에 없습니다.

이러한 특성 탓에 소비자들은 구매 후 제품을 반품하거나 교환하게 됩니다. 물론 가격이나 다른 요인들도 취소와 반품에 영향을 미치겠지만, 이것들을 빼고 본다면 사이즈 이슈가 가장 큰 골칫거리입니다. 그런데 다음 그림처럼 AR 필터를 활용하게 되면 온라인상에서도 의상의 핏이나 디자인 감을 볼 수 있기 때문에 재미 요소뿐 아니라 취소나 반품에도 당연히 긍정적인 영향을 줄 수밖에 없습니다. 그렇기 때문에 저희 멤버들과 진행했던 AI를 이용한 마케팅 활동들은 업계에서 벤치마킹 대상이 될 수밖에 없었습니다.

미술 분야도 빼놓을 수 없습니다. 그림을 좋아하는 사람들이라면 한 번쯤 가보고 싶은, 아니 가야만 하는 뉴욕 현대 미술관(The Museum of Modern Art, MoMA)은 전 세계에서 가장 중요한

AI 필터의 활용

AI 미술 작품 전시

자료: Refik Anadol

현대 미술관 중 하나로 인정받고 있습니다. 뉴욕 현대 미술관이 중요한 이유는 추상미술, 포스트모더니즘, 현재주의 등의 주요한 예술 스타일을 다루고 있고, 특히 예술의 혁신을 촉진하는 역할을 하고 있기 때문입니다. 그리고 우리가 '뉴욕' 하면 떠오르는 많은 것들 중에서 항상 뉴욕 현대 미술관이 포함되는 이유는 이 공간이 뉴욕의 도시적인 문화적 풍요와 다양성을 대표하는 공간이기 때문입니다.

이런 뉴욕 현대 미술관에, 그것도 가장 중심부에 'MoMA LED 디스플레이(Display)'가 연출되었습니다. 이 작품은 기존의 캔버스나 종이에 그려진 전통적인 작품이 아닌, 디지털 형식의 예술 작품입니다. 게다가 한술 더 떠서 뉴욕 현대 미술관에서는 AI 예술가의 작품을 전시합니다. 이 AI 예술가는 18만 개의 작품 데이터를 학습한 결과물로, 앤디 워홀(Andy Warhol)의 작품부터 팩맨(Pac-Man)과 같은 비디오 게임까지 다양한 예술 작품을 학습했습니다. AI의 창작물이 예술로 평가될 수 있는가 없는가에 대한 논란의 종지부를 뉴욕 현대 미술관이 찍어주었다고 생각합니다. AI로 인해 예술의 경계가 점점 넓어지고 있으며, 우리는 이제 이 사실을 현실로 받아들여야 합니다.

02

AI와 마케팅이 만나면?

콘텐츠에서 그로스해킹까지

AI와 마케팅이 만났을 때를 살펴보기 전에, 먼저 커머스 (Commerce)의 변화와 함께 마케팅이 어떻게 변화해왔는지에 대해 이야기해보겠습니다. 제가 처음 삼성에 입사했던 시절을 돌이켜보면, 그때는 TV 광고 잘하는 사람, 전시회 잘하는 사람이 최고의 마케팅 전문가였습니다. 유통은 전통적인 오프라인을 활용했기 때문에 마케팅=브랜딩이라는 공식이 성립했습니다. 그런데 어느 날 페이스북이 등장합니다. 페이스북의 등장과 함께 커머스 생태계, 광고 생태계가 급격히 변화하게 됩니다. 마케팅하는 사람들은 소셜 네트워크 서비스(SNS)라는 것을 배워야 하고, 이를 통해 채널 운영 및 광고를 집행하게 됩니다. 커머스도 이에 맞춰 공동구매라는 소셜 커머스들이 생겨나기 시작합니다. 그리고 좀 더 발전된 형태인 버티컬 커머스 사이트들이 생겨납니다. 사이트가 늘어나고 스마트폰이 보편화되면서 모든 마케터는 온라인 광고에 집중하게 됩니다. 그러면서 그로스해킹(Growth Hacking)이라는 단어가 등장했고, 업계의 모든 마케터는 그로스해커 또는 퍼포먼스 전문가가 되기 위해 노력하게 됩니다.

그중 우리나라에서 가장 히트를 쳤던 것이 토스의 '오퀴즈' 광고입니다. 오퀴즈는 고객이 직접 참여하는 퀴즈 이벤트로, 토스가 네이버와 협력하여 진행한 캠페인입니다. 오퀴즈는 특정 시간대에 퀴즈를 내고, 사용자가 정답을 맞히면 포인트나 현금 같은 보상을 받을 수 있게 됩니다. 즉 즉각적인 보상 체계가 고객의 높은 참여율을 만들어낸 것입니다. 제가 근무하던 회사에서도 이 오퀴즈를 활용해 사이트 내 유입을 높여봤었는데, 네이버에서 검색 쿼리를 찾아보면 오퀴즈의 영향력이 얼마나 큰지 바로 확인할 수 있습니다.

그런데 이렇게 영원할 것 같던 퍼포먼스 마케팅도 이제는 점점 효율을 잃고 있습니다. 게다가 갑자기 등장한 쿠키리스 정책은 많은 마케터에게 고민을 안겨주고 있습니다. 그럼 여기서 쿠키리스(Cookieless)에 대해 간단히 얘기해보겠습니다. 쿠키리스 정책은 사용자의 개인정보 보호를 강화하기 위해 타사 쿠키(Third-Party

Cookies)의 사용을 제한하거나 금지하는 정책입니다. 쉽게 설명해서 광고가 이 정책으로 인해 고객들과의 연결성이 점점 떨어진다는 뜻입니다. 기존의 퍼포먼스 광고들은 타사의 쿠키를 활용해 자신들의 타깃층에 가장 가까운 고객들에게 자신들의 광고를 노출하면서 효율을 높여왔습니다. 그런데 이 부분이 금지되면 당연히 광고 효율이 떨어질 수밖에 없습니다.

이러한 변화는 디지털 광고 산업에 큰 영향을 미칩니다. 다행히 여러 차례 쿠키리스 정책 시행을 미루어왔던 구글이 2024년

데이터 마케팅 프로세스

각 솔루션별 상호 데이터 교환이 없다면, 데이터 확장성에 한계가 있을 수 있음.

데이터 마케팅의 기본은 3단계 프로세스를 거쳐야 하며, Ad Tech를 적극 활용하여 데이터의 유기적 흐름 만들어야 함.

1. Data Collection

1st party	자사 내부 데이터
2nd party	매체사 데이터
3rd party	앱 트래킹 툴 데이터

STEP 1 데이터 수집

디지털 마케팅

STEP 2 데이터 분석

2. Data Analysis

| CDP | 마케팅 전체 분야 |

3rd Party의 식별자(Anonymizer)
1st Party의 식별자(CIC CID)

STEP 3 데이터 활용

3. Data Activation

| 데이터 활용 | · 고객 여정 분석 통한 프로모션 기획
· 유저 행동 기반 UX UI 개선
· 리타깃팅 활용한 Paid 광고 고도화
· CRM 고객 커뮤니케이션 |

자료: 서태원 님

7월 22일 쿠키리스 정책을 철회하겠다고 발표했습니다. 그럼에도 불구하고 너무 많은 업체가 피 튀기게 광고 경쟁을 하고 있고, 경기가 나빠지면서 광고 비용은 계속 줄어들고 있는 추세입니다. 이러한 변수들 때문에 광고 시장은 요동을 치고 있습니다. 외부 변수로 인해 광고의 효율이 떨어질 수밖에 없다는 핑계는 회사에서 통하지 않습니다. 결국 마케터들은 새로운 전략을 통해 광고 효율을 높여야 합니다. 그러면 어떤 방법으로 쿠키리스 시대에 광고의 효율을 높일 수 있을까요?

퍼스트파티 데이터(First-Party Data)를 활용하는 것이 첫 번째 방법입니다. 퍼스트파티 데이터는 고객이 해당 사이트에 직접 제공한 데이터로, 웹사이트 방문, 구매 이력, 회원 가입 등에서 수집된 데이터를 말합니다. 이 데이터를 효과적으로 활용하면 사용자 맞춤형 광고를 제공할 수 있습니다. 그런데 아직도 많은 기업이 퍼스트파티 데이터는 모으고 있지만, 이에 대해 제대로 활용하지 못하고 있습니다. 제대로 된 고객 인사이트를 얻고 정교한 타깃팅을 위해서는 고객 한 명 한 명 개인 중심의 싱글 소스 데이터가 필요합니다. 또한 퍼스트파티 데이터 중에 고객들에게 자발적으로 동의를 얻어 활용하는 제로파티 데이터(Zero-Party Date)라는 것이 있습니다. 개인정보보호법의 적용으로 어려워진 데이터 수집에 대한 대안으로 제로파티 데이터의 중요성이 점점 커지고 있습니다. 21세기의 석유라고 불릴 만큼 데이터는 앞으로의 우리 삶에 많은 영향을 줄 수밖에 없습니다. 대규모 데이터는 생성형 인공지능 (Generative AI)을 위한 가장 중요한 리소스가 되기 때문입니다.

커머스 유형에 따른 핵심 경쟁력

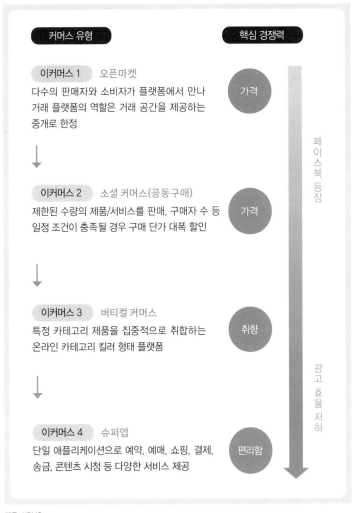

커머스 유형 / 핵심 경쟁력

이커머스 1 오픈마켓
다수의 판매자와 소비자가 플랫폼에서 만나 거래 플랫폼의 역할은 거래 공간을 제공하는 중개로 한정 — 가격

이커머스 2 소셜 커머스(공동구매)
제한된 수량의 제품/서비스를 판매, 구매자 수 등 일정 조건이 충족될 경우 구매 단가 대폭 할인 — 가격

이커머스 3 버티컬 커머스
특정 카테고리 제품을 집중적으로 취합하는 온라인 카테고리 킬러 형태 플랫폼 — 취향

이커머스 4 슈퍼앱
단일 애플리케이션으로 예약, 예매, 쇼핑, 결제, 송금, 콘텐츠 시청 등 다양한 서비스 제공 — 편리함

페이스북 등장

광고 효율 저하

자료: KPMG

두 번째 방법은 맞춤형 컨텍스트 광고입니다. 컨텍스트 광고 (Contextual Advertising)는 고객이 접하는 콘텐츠의 맥락을 분석하여 관련 광고를 노출하기 때문에 쿠키 없이도 광고의 효율을 높일 수 있는 방법입니다. 이외에도 키워드로 타깃팅하는 방법, 고객 식별 기술을 활용하는 방법, 콘텐츠를 최적화하는 방법 등이 있을 수 있습니다. 물론 타사와의 데이터 협업을 통해서도 이러한 문제를 해결할 수 있습니다. 마지막으로 AI와 머신러닝을 활용해 데이터 분석과 광고 최적화를 자동화하고 정교화하면 쿠키리스가 되더라도 마케팅 효율을 높일 수 있습니다. 그래서 AI는 결코 먼 나라 이야기가 아닙니다. AI는 마케팅이나 1인 사업을 하는 사람들이 알고 있으면 도움이 되는 것이 아니라 반드시 공부해야 하는 필수 요건입니다.

이제는 마케팅이 AI와 만났을 때 벌어지는 일들에 대해 이야기해보겠습니다. 2024년 올해는 국내 경기가 좋지 않기 때문인지 이렇다 할 히트 마케팅 캠페인을 찾아보기 쉽지 않습니다. 그래서 해외로 눈을 돌려보았습니다. 많은 사례 중에서 재미있는 몇 가지 사례를 소개해보겠습니다.

1. 버진 보야지스 'Jen AI' 캠페인

o—o

이 캠페인은 다재다능한 엔터테이너로 활동 중인 제니퍼 로페즈(Jennifer Lopez)와 함께한 캠페인으로 많은 소지자의 호응을 얻었습니다. 버진 보야지스(Virgin Voyages)는 셀럽과 AI를 어떻게 활용하면 좋을지에 대한 좋은 예시가 되었다고 생각합니다. 이 캠페인의 특징은 AI로 생성된 제니퍼 로페즈의 디지털 캐릭터가 고객별 맞춤형 개인화 초대장을 제작하는 방식으로 설계되었다는 점입니다. 고객들은 버진 보야지스 웹사이트에서 몇 가지 질문에 답변하고, 그들의 선호도와 여행 스타일에 맞춘 개인화된 초대장을 받게 됩니다. 이때 제니퍼 로페즈가 아바타로 등장해 이 초대장을 전달하는 방식이었습니다. 이 캠페인은 제니퍼 로페즈라는 인지도 높은 모델과 AI의 혁신성을 잘 결합하여 큰 화제를 모았습니다. 덕분에 버진 보야지스의 브랜드 인지도는 높아졌고, 새로운 고객들이 유입되게 되었습니다.

2. 나이키의 'By You' 개인화 캠페인

나이키는 고객들이 AI 도구를 사용해 자신만의 신발을 디자인할 수 있는 캠페인을 진행했습니다. 이 캠페인은 상품의 개인화에 대한 대표적인 사례입니다. 물론 국내의 패션 브랜드들도 과거에 이와 비슷한 캠페인을 진행한 적이 있었지만, 그 당시는 컬러 정도만 고를 수 있었기 때문에 이번에 진행한 나이키의 'By You' 캠페인이 좀 더 발전된 형태라고 말할 수 있습니다. 나이키는 공식

AI를 활용해 자신만의 신발을 디자인하는 나이키의 개인화 캠페인

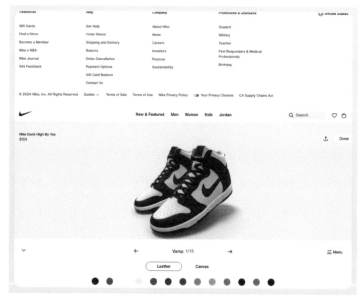

자료: 나이키 홈페이지

홈페이지와 앱을 통해 고객들에게 나이키 제품의 다양한 요소들인 색상, 소재, 디자인 요소를 자유롭게 선택하고 조합하여 자신만의 디자인을 만들어 실시간으로 주문할 수 있도록 했습니다. 이 개인화된 디자인은 한정판으로 제작되기에 고유하며 특별한 제품 경험을 제공하기 때문에 한정판에 열광하는 젠지(Gen-Z)들 사이에서 높은 인기를 끌며, 맞춤형 제품을 통해 고객 충성도를 높이는 데 기여하게 되었습니다. 결국 이러한 고객의 참여형 캠페인은 고객의 로열티를 높이는 데 일조하게 되고 또다시 나이키로 유입하게 되는 선순환 구조를 불러옵니다.

3. 세포라의 증강현실 메이크업 앱

우리나라에서는 비록 성공하지 못했지만, 프랑스를 넘어 유럽, 아시아, 북미 등 전 세계로 확장하면서 급격히 성장한 세포라(Sephora)는 글로벌 뷰티 리테일러로서 브랜드 인지도와 영향력을 갖추고 있습니다. 세포라는 오프라인에서 출발했지만 AI를 사용해 고객들이 가상으로 다양한 메이크업 제품을 시도해볼 수 있는 '세포라 버추얼 아티스트(Sephora Virtual Artist)'라는 증강현실(AR) 앱을 론칭했습니다. 고객은 앱을 통해 자신의 얼굴을 실시간으로 촬영하거나 업로드하여 가상으로 다양한 메이크업 스타일을 시도해볼 수 있습니다. 또한 사용자의 피부 톤과 유형에 맞는 제품 추천도 제공합니다. 이런 양방향의 고객 커뮤니케이션은 AR 기술 기반으로 구현되었습니다. 고객들은 완성된 메이크업 스타일을 사진을 저장하여 소셜 미디어에 공유할 수 있습니다. 결국 이를 통해 바이럴(Viral)이 되고 고객들의 참여도와 충성도를 높이게 됩니다.

4. AI 마케팅 스페셜리트스, 댄 화이트

댄 브라운(Dan Brown)이라는 영국의 마케팅 전문가는 최근에 SmartMarketing.me라는 사이트를 통해 자신의 콘텐츠를 AI

기반의 가상 댄 화이트(Dan White)와 대화할 수 있도록 만들었습니다. 한동안 우리나라도 〈놀면 뭐하니?〉라는 프로그램을 통해 부캐가 유행을 했었는데, 댄 브라운은 AI를 통해 부캐를 만들어내는 기발함을 보여주고 있습니다. 댄 브라운의 AI는 댄 브라운이 작성한 모든 자료를 바탕으로 만들어졌으며, 댄 브라운이 대답하는 것처럼 질문에 답변하도록 훈련되었습니다. 목소리도 실제 댄 브라운과 비슷하게 녹음되었습니다. 세계의 유명 전문가와의 미팅도 이제는 AI로 인해 쉽게 성사될 수 있는 빠른 세상이 되었습니다.

5. 아마존의 '저스트 워크 아웃'

우리나라도 성수동을 시작으로 많은 오프라인 팝업들이 열리고 있습니다. 최근에는 '팝업스토어'에 대한 이야기로만 단독 세미나를 할 정도로 오프라인 팝업에 대한 열기는 국내외 모두 식지 않는 것 같습니다. 아마존은 2016년부터 아마존 고(Amazon Go)라는 매장을 이용해서 고객이 물건을 고르고 별도의 계산 없이 매장을 떠날 수 있는 기술을 선보였습니다. 2024년에는 이 아마존 고의 업그레이드 버전인 '저스트 워크 아웃(Just Walk Out)'의 기술이 아마존 고와 같은 소형 편의점과 홀푸드마켓(Whole Foods Market)과 같은 대형 슈퍼마켓에도 적용되고 있습니다.

또한 아마존은 이 기술을 타사 매장에도 라이센싱하여 다른 리테일러들이 이 기술을 사용할 수 있도록 하고 있습니다. 저스트 워크 아웃은 매장 내 수많은 카메라와 센서를 이용하여 고객들의 움직임과 상품을 추적합니다. 이 컴퓨터 비전 기술은 자율주행 자동차에 사용되는 기술과 유사합니다. 그리고 딥러닝 알고리즘이 고객의 행동과 상품 데이터를 분석하여 어떤 상품을 고객이 구매하고 있는지를 정확하게 인식합니다. 고객은 더 이상 계산대에서 줄을 서서 기다릴 필요가 없으며, 쇼핑 경험이 매우 간편해집니다. 물론 이러한 기술을 구현하는 데 초기에 많은 비용이 들겠지만 사람의 행동 하나하나까지 모두 데이터화한다는 점에서, 그리고 이 데이터를 바탕으로 또 다른 사업의 기회를 만든다는 점에서 매우 흥미로운 사례라고 생각합니다.

이들 해외 캠페인의 사례에서 보듯이 AI는 너무나도 빠르게 마케팅 업계에 침투하고 있습니다. 그리고 곧 우리의 생활에도 침투할 것입니다. 예전처럼 거액의 매체비를 사용해서 ATL(TV 광고, 라디오, 인쇄 광고)을 집행하고, 이를 통해 브랜딩을 하는 시대에 머물러서는 절대 마케터로 성공할 수 없습니다. 기존에 보지 못했던 새로운 방식으로 기획하여 콘텐츠를 만들고 이를 SNS를 통해 팬덤으로 확장시켜 소비자들의 자발적인 선택으로 각인되는 브랜드가 되도록 캠페인을 설계해야 합니다. 결국 이렇게 자신들의 팬덤

온-오프라인 마케팅 순환도

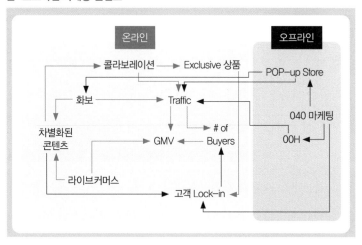

으로 성장한 브랜드들은 리뷰를 통해 다시 브랜드에 록인(Lock-in)되고 다시 차별화된 콘텐츠를 통해 트레픽을 만드는 아름다운 선순환 구조로 움직이게 됩니다. 이렇다 보니 마케터 입장에서는 AI를 활용해 보다 적은 노력으로 많은 공감을 끌어낼 수 있는 이러한 방법을 선택하지 않을 이유가 없습니다.

03

AI, 한국에서는
얼마만큼 왔을까?

주요 기업들의 AI 전략과 전술

우리나라 소비자들은 전 세계 누구보다도 트렌드에 민감하며, 최근에는 K-컬처까지 앞세워 유행을 선도하려는 경향도 대단히 강합니다. 오죽하면 할리우드 블록버스터 영화 개봉 시에 미국 현지보다 우리나라에서 먼저 개봉시켜 선제적인 시장 반응을 감지하는 이른바 '흥행 실험실'로 활용하기도 할까요? 특히 IT 트렌드에 대한 반응 역시 대단히 선도적인 곳이 바로 여기 대한민국이고, 우리는 스스로를 'IT 강국', 'IT KOREA'라고 자칭하기도 합니다. 우리가 경험했던 지난 두 차례에 걸친 IT 혁명, 1995년 윈도우 95 출시로 시작된 인터넷 시대(1차 혁명)와 2008년 아이폰 출시로 개막된 모바일 인터넷 시대(2차 혁명)를 돌이켜보면, 기술 혁명의 시작은 마이크로소프트와 애플이란 미국 빅테크 기업에서 출발했지만 우리나라 기업과 소비자들이 IT 붐이라는 호랑이 등에 올라타서 한국은 글로벌 메모리 반도체 1위, 글로벌 스마트폰 시장점유율 1위를 지키고 있습니다. 그리고 자국의 IT 플랫폼이 빅테크 기업에 잠식당하는 형국에서도 인터넷 시대의 대표 기업 '네이버', 모바일 인터넷 시대의 대표 기업 '카카오'는 여전히 건재합니다.

한편 앞선 1차, 2차 혁명의 공통분모를 생각해보면 IT 전문가들만의 전유물이었던 '그들만의 IT 기술'이 누구나 쉽게 사용할 수 있는 '모두의 세상' 속으로 우리 일상 속으로 깊이 파고들었다는 것입니다. 2022년 11월 30일 챗GPT 탄생으로 시작된 AI 시대(3차 혁명) 역시 특수 전문 분야에서만 제한적으로 사용되던 AI 기술이 모든 분야에 걸쳐 누구나 쉽게 채팅하면서 접근할 수 있는 범용화된 생성형 AI로 진화했다는 것입니다. 2차 혁명을 대표하는 IT 플랫폼인 인스타그램의 경우 100만 이용자 달성에 3개월이나 걸렸지만, 챗GPT는 불과 5일 만에 그 목표를 달성했으니 이미 AI 시대의 위력은 1, 2차를 넘어서는 폭발력을 지녔다는 것을 알 수 있습니다. 이미 생성형 AI를 지원할 인프라에 해당하는 주요 AI 반도체 기업들의 실적과 기업가치는 큰 폭으로 상승했고, 1, 2차 혁명기의 교훈처럼 호랑이 등에 제대로 올라타지 않으면 결국 뒤처진다는 위기감은 모든 산업에 걸쳐 강조되고 있습니다.

생성형 AI, 챗GPT의 탄생으로 시작된 AI 시대(3차 혁명) 역시 앞선 두 차례의 우리나라 소비자들의 적극적인 호응과 이를 촉진시킨 기업들의 노력을 감안하여 향후 대단히 역동적인 AI를 활용한 마케팅의 최전선이 될 곳이 바로 여기 대한민국일 것입니다. 무엇보다도 최근 특정 산업의 1등 기업군에서 AI 마케팅을 단순히 특정 부분의 제한적 도구로만 활용하지 않고, 하나의 프로젝트 전반을 모두 AI를 통해 구현하는 실험이 시도되고 있는데 반드시 눈여겨볼 만한 흥미로운 몇 가지 사례연구를 해볼까 합니다.

1) GS25의 세계 최초 AI 하이볼, '아숙업 레몬 스파클 하이볼'

GS25가 선보인 세계 최초 AI 하이볼 '아숙업 레몬 스파클 하이볼'은 단순한 신제품 출시를 넘어 AI가 주도하는 새로운 시대의 시작을 알리는 마케팅 실험이자 결과물입니다. 챗GPT 기반의 AI가 레시피부터 디자인, 출시 일정까지 모든 과정에 관여하여 탄생한 이 제품은 AI가 보조적인 도구에서만 한정되는 것을 벗어나 창의적인 마케팅 전략과 실행의 중심적인 영역까지 침투할 수 있음을 보여주는 흥미로운 사례입니다. 실제 챗봇 서비스 아숙업(Askup)을 통해 개발 초기 한 달여 동

자료: GS25

안 "맛있는 하이볼 레시피를 알려줘", "캔의 디자인은 어떻게 해야 할까?", "가격대는 어떻게 해야 할까?" 등 수많은 질문과 답을 주고받은 결과물로 탄생했습니다. 이는 데이터 기반의 맞춤형 상품 개발이라는 디지털 마케팅이 이상적인 목표를 현실화한 의미 있는 시도라고 평가합니다.

AI는 방대한 데이터를 분석하여 소비자의 선호도를 파악하고, 이를 바탕으로 최적의 제품을 만들어낼 수 있는데, 이는 기존의 경험과 직관에 의존하던 상품 개발 방식에서 벗어나 더욱 정확하고 효율적인 방식으로 소비자의 니즈를 충족시킬 방향으로 나아갈 수 있음을 보여줍니다. 즉 AI 하이볼을 생각해보면 AI와 인간의 협업을 통해 더욱 스마트하고 개인화된 소비 경험을 앞으로도 끊임없이 제공할 수 있겠다는 희망을 보게 됩니다. 만약 이러한 마케팅 실험이 일정 부분의 성과를 내고 시스템적으로 안정화된다면 상품 개발, 상품 기획, 판매 촉진을 위한 사전 마케팅, 판매 등 기존 편의점 마케팅 시스템 전반에 걸쳐 AI 중심으로 디지털 혁신을 이끌어낼 가능성이 클 것입니다. 생성형 AI가 마케팅 콘텐츠 제작 자동화, 고객 문의를 해결하는 챗봇 서비스 등의 기존 마케팅 업무의 보조 도구로서의 소극적인 효율화를 넘어 고객의 감성 분석, 상품과 서비스의 업그레이드와 추가 서비스가 포함되도록

하이볼 제품 제작을 챗GPT와의 협업으로 진행하는 과정 − 필자 재현

[질문] 너는 20년 경력의 대한민국 최고의 하이볼 전문가야. 타깃 대상 고객은 20∼30대 대한민국 남녀 고객으로 하이볼 캔 음료를 출시하려고 하는데, 청량감과 산뜻한 맛을 살려서 따로 음주한다는 인식보다는 가볍고 부담 없이 한잔한다는 느낌을 살리고 싶어. 이에 적합한 레시피를 알코올 도수까지 제시하면서 최대한 구체적으로 제작 과정을 알려줘.

[챗GPT 답변] 캔 음료로 출시할 하이볼 레시피를 제안드리겠습니다. 20∼30대 대한민국 남녀 고객을 대상으로, 청량감과 산뜻한 맛을 살리면서 가볍고 부담 없이 즐길 수 있는 하이볼을 만드는 것이 목표입니다. 이를 위해 베이스 술의 선택, 향과 맛의 조화, 청량감을 극대화하는 탄산 비율 등을 신중히 고려한 레시피를 제시하겠습니다.

〈 하이볼 레시피: 'Lime Breeze Highball' 〉
1. 베이스 술 선택
− 베이스 술: 라이트 바디의 화이트 럼. 화이트 럼은 부드러운 맛과 깔끔한 피니시를 가지고 있어 하이볼의 청량감을 잘 살려줍니다. 특히 가벼운 바디감이 부담 없이 즐길 수 있는 음료를 만드는 데 적합합니다. 도수는 37.5%입니다.
2. 부재료 선택
− 라임 주스: 신선한 라임 주스를 사용하여 상큼한 맛을 더합니다.
− 애플 민트 추출물: 은은한 민트 향을 통해 산뜻한 맛을 강조합니다.
− 설탕 시럽: 단맛을 더해 전체적인 균형을 맞춥니다.
− 탄산수: 고탄산 탄산수를 사용해 청량감을 극대화합니다.
3. 비율
− 화이트 럼: 20㎖(알코올 도수 37.5%)
− 라임 주스: 10㎖
− 애플 민트 추출물: 5㎖
− 설탕 시럽: 5㎖
− 탄산수: 160㎖(캔 음료에서 상당 부분을 차지하며, 청량감을 살려줌)
4. 알코올 도수 계산
− 하이볼 캔 전체 용량: 200㎖
− 사용된 화이트 럼 20㎖는 37.5%의 알코올 도수를 가지므로 최종 음료의 알코올 도수는 약 3.75%입니다.
5. 제작 과정
− 배합 단계: 라임 주스, 애플 민트 추출물, 설탕 시럽을 먼저 섞어줍니다. 이는 전체적인 맛의 균형을 잡기 위해 중요합니다.
− 베이스 술 첨가: 배합한 혼합물에 화이트 럼을 넣어 부드럽게 섞습니다.
− 탄산수 첨가: 마지막으로 탄산수를 천천히 부어줍니다. 탄산의 청량감을 유지하기 위해 너무 세게 저어주지 않도록 주의합니다.
− 캔 충진 및 밀봉: 음료가 완전히 혼합되었으면, 이를 캔에 충진하고 밀봉합니다. 이 과정에서 탄산이 빠지지 않도록 주의가 필요합니다.

최종 음료 특징
− 알코올 도수: 3.75%(가볍게 즐길 수 있는 도수)
− 맛 프로파일: 라임의 상큼함과 민트의 산뜻함이 조화를 이루며, 설탕 시럽으로 전체적인 맛의 균형을 맞추어 부담 없이 즐길 수 있는 맛을 제공합니다.
− 청량감: 고탄산 탄산수 사용으로 청량감을 극대화했으며, 이를 통해 마시기 전후에 느껴지는 시원한 느낌이 특징입니다.
이 'Lime Breeze Highball'은 가볍게 즐길 수 있으며, 청량감과 상쾌함을 강조한 제품으로 20∼30대 소비자들에게 큰 호응을 얻을 수 있을 것입니다.

유도하는 업셀링(Upselling) 제안, 마케팅 전략과 실행의 강력하고 적극적인 조력자로서 진화할 수 있음을 엿보게 합니다.

[글로벌 사례와 필자의 제안]

프라다의 AI 기반 향수 캠페인

2023년 세계적인 명품 업체 프라다는 향수 마케팅에서 한층 더 발전된 방식으로 생성형 AI를 도입하며 주목받았습니다. 이 캠페인은 단순한 제품 홍보를 넘어 AI를 활용해 창의적 이미지 생성과 새로운 마케팅 전략을 시도한 혁신적인 사례로 평가됩니다. 특히 르 옴므 프라다(L'Homme Prada)와 같은 대표적인 향수 라인을 중심으로 한 이 캠페인은 AI 기술과 예술적 표현을 결합하여 향수의 매력을 시각적으로 표현하는 데 성공했습니다. 프라다는 향수병을 시각적으로 독특하게 표현하기 위해 AI 이미지 생성 도구를 사용했습니다. AI는 텍스트 프롬프트를 기반으로 하여 향수의 특징을 시각적으로 구현했으며, 그 결과 향수의 감성을 잘 전달하는 새로운 이미지를 만들어냈습니다.

예를 들어 르 옴므 프라다 향수는 남성적인 향을 표현하기 위해 물의 흐름을 시각화한 이미지를 통해 강렬한 동시에 부드러운 이중성을 나타냈습니다. 단순한 제품 이미지 제작에서 더 나아가 창의적 오류마저도 마케팅의 일부로 활용했습니다. AI가 생성한 이미지에서 발생한 예기치 못한 오류나 실수는 최종 결과물과 함

자료: 프라다 홈페이지

께 대안적 버전으로 공개되었으며, 이는 오히려 캠페인의 독창성을 부각시키는 요소로 작용했습니다. 이를 통해 고객들이 브랜드와 더욱 창의적으로 소통할 수 있는 기회를 제공하며, 첨단기술을 활용한 예술적 표현의 실제 적용 가능성을 높였습니다.

또한 이번 AI 기반 마케팅 캠페인은 소셜 미디어에서 활발하게 전개되었습니다. 인스타그램과 같은 플랫폼을 통해 AI가 생성한 이미지를 공개하며, 새로운 향수의 독특한 특성을 소비자들에게 전달했습니다. 이러한 전략은 특히 디지털 콘텐츠 소비에 익숙한 젊은 소비자층을 겨냥한 것으로, 프라다의 세련된 브랜드 이미지와 최신 첨단기술을 결합한 효과적인 홍보 방법으로 각인되었습니다. 즉 AI는 단순히 데이터를 분석하는 도구에서 벗어나 예술적 표현과 브랜드 이미지를 혁신하는 데 중요한 역할을 할 수 있음을 보여주었습니다. AI가 생성한 이미지는 기존의 시각적 표현 방식과는 다른 독특한 감성을 전달하며, 소비자들이 제품에 대해 더욱 직관적이고 감각적인 경험을 할 수 있도록 도왔습니다.

다만 앞서 소개한 GS25의 AI 하이볼 사례를 적용하여 향수병 디자인을 넘어서는 본격적인 'AI와 향수의 만남'을 제안해봅니다. 소비자의 취향, 감정 상태, 선호하는 향기 노트를 입력할 수 있는 온라인 인터페이스를 개발하여 소비자가 자신의 감정이나 라이프스타일, 특정 향기 경험에 대한 키워드를 입력하면 AI가 이를 분석해 적합한 향기 조합을 제안해주는 것입니다. 예를 들어 '여유로운 해변에서의 산책'이라는 키워드를 입력하면 AI는 바다 향, 코코넛, 라벤더 같은 자연적인 향을 추천하며 개인 맞춤형 향수를 설계하는 것입니다. 이 과정에서 AI는 기존 프라다가 축적한 방대한 향기 데이터를 활용해 조향사의 역할을 일부 대체하고, 소비자와의 상호작용을 극대화할 수 있습니다.

기존의 향수 제작은 조향사가 고객의 취향을 해석해 맞춤형 제품을 제작하는 방식이었다면, 이번 캠페인은 AI가 실시간으로 소비자의 입력을 분석하고 그에 맞는 향수를 자동으로 제안하는 보다 효율적이고 혁신적인 방법을 제공할 수 있습니다. AI는 단순한 데이터 분석에서 나아가 소비자와의 감성적 연결을 강화하는 방식으로 사용되고, 이를 통해 소비자는 단순히 제품을 구매하는 것이 아니라 자신만의 향수를 디자인하는 특별한 경험을 하게 될 것입니다. 그리고 AI를 활용해 고객이 선호할 수 있는 추가 제품을 제안하는 업셀링 전략을 강화할 수도 있습니다. 예를 들어 소비자가 특정 향수 조합을 선택한 후 AI는 그 향수와 어울리는 바디로션이나 향수오일을 추천하여 추가 구매를 유도하고, 이 과정에서 AI는 소비자의 구매 이력과 향기 선호도를 분석해 최적의 개인화된 뷰티 전략을 제안하는 뷰티 컨설팅 영역으로 진입할 수 있습니다.

2) 삼성생명의 100% AI 기술을 활용한 광고 캠페인

아래의 2023년 삼성생명의 AI 광고 캠페인은 단순히 새로운 기술을 도입한 것을 넘어 '보험이란 과연 무엇인가'를 고객의 관점

이 광고의 모든 이미지와 배경음악은 AI로 생성되었습니다

자료: 삼성생명 홈페이지

으로 직시하고 통찰하려는 실험이었습니다. 챗GPT에 "사람들은 언제 보험을 떠올릴까"라는 질문을 던지고 그 결과를 바탕으로 광고 메시지를 만들어낸 것인데, AI로 광고 영역까지 어떤 화두로 적극적으로 침투할 수 있음을 보여주는 시도였습니다. 그 결과 AI는 사람들이 보험을 부정적인 상황과 연관 짓는다는 사실을 밝혀냈고, 삼성생명은 이를 역으로 활용해 '좋은 소식의 시작'이라는 일반적인 부정적 연상을 상쇄시킬 만한 긍정적인 메시지를 도출했습니다. 더 나아가 광고에 사용된 모든 이미지와 배경음악까지

보험에 대한 관점 정립을 챗GPT와의 협업으로 진행하는 과정 – 필자 재현

[질문] 너는 대한민국의 평범한 중산층이고, 30~40대의 시민이야. 너는 언제 주로 '보험'이라는 단어를 떠올리니?

[챗GPT 답변] 저는 30~40대 대한민국의 평범한 중산층 시민으로서, '보험'이라는 단어를 주로 떠올리는 순간은 다음과 같습니다:

1. 가족이나 내 건강에 문제가 생겼을 때
   건강검진 결과가 좋지 않거나, 가족 중 누군가 아프거나 다쳤을 때, '보험'이 가장 먼저 떠오릅니다. 혹시라도 큰 병이나 사고가 생기면 어떻게 해야 할지 걱정되기 때문이죠.
2. 자동차 사고나 긴급 상황을 겪었을 때
   교통사고를 당하거나 사고가 날 뻔한 순간, '자동차 보험'이 떠오릅니다. 일상적으로 운전하다 보니, 이럴 때 보험의 중요성을 실감하게 됩니다.
3. 연말정산이나 세금 문제를 정리할 때
   연말에 세금 문제를 정리하거나 연말정산을 준비할 때, 가입한 보험이 얼마나 세액공제에 도움이 되는지 확인하게 됩니다. 이때 '보험'이라는 단어가 자연스럽게 떠오릅니다.
4. 은행에 갈 때나 금융상품을 고민할 때
   은행에서 상담을 받거나 금융상품을 고려할 때, 특히 저축이나 투자 대안으로 보험 상품을 제안받으면 '보험'이 떠오릅니다.
5. 지인이나 친구가 보험 관련 이야기를 할 때
   친구나 동료가 보험과 관련된 이야기를 꺼내거나 보험 설계사를 소개받을 때도 자연스럽게 '보험'을 떠올리게 됩니다.
이외에도 주택 구입이나 대출을 받을 때, 새로운 가족이 생길 때 등 인생의 중요한 순간마다 보험이 떠오르곤 합니다.

AI가 직접 제작함으로써 AI가 광고 제작의 전 과정에 참여하는 새로운 가능성을 제시했습니다.

이러한 시도는 광고 제작의 효율성을 높이고 기존 광고에서 시도하지 않았던 새로운 영역으로 확장한 것입니다. AI를 통해 방대한 질적 데이터를 분석하여 소비자의 심리를 정확하게 파악하고, 이를 바탕으로 나름대로의 효과적인 광고까지 만들어낼 수 있음을 보여줬습니다. AI가 인간의 창작 영역을 어떻게 대신할 수 있는가, AI가 만든 콘텐츠의 가치는 어디까지 확장 가능한가 등에 대한 다양한 질문을 던지며, 마케팅 전략의 시작점 혹은 궁극적인 고객 만족의 출발점까지도 AI를 통해 마케터들이 간과했던 본래 제품의 궁극적인 목적을 환기시키고, 이를 바탕으로 새로운 광고 전략과 이미지, 배경음악과 같은 세부 구성 항목까지 통합적으로 구성할 수 있음을 확인하기도 했습니다.

[글로벌 사례와 필자의 제안]

AI를 활용한 인도의 소상공인 돕기 프로젝트: 캐드버리의 '샤루크 칸 마이 애드' 캠페인

세계적인 초콜릿 및 제과 브랜드 캐드버리(Cadbury)는 지난 2023년 인도의 가장 사랑받는 배우인 샤루크 칸(Shah Rukh Khan)과 협력하여 AI 기반의 개인화 광고 캠페인, '샤루크 칸 마이 애드(Shah Rukh Khan-My-Ad)'를 선보였습니다. 이 캠페인은

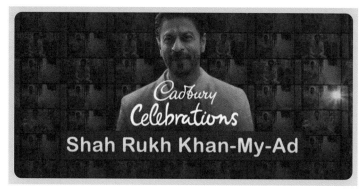

자료: 캐드버리 홈페이지

AI를 활용해 소비자 각각의 이름과 현지 소상공인의 상호를 사용한 맞춤형 광고를 제작하는 혁신적인 시도로, 광고 마케팅에서 개인화된 경험을 극대화한 사례로 평가되고 있습니다. 이 캠페인을 통해 대형 브랜드가 단순한 제품 광고를 넘어 지역사회와의 상호작용을 강화하고, 소상공인을 지원하는 동시에 소비자와의 정서적 호응을 더욱 깊게 만들었습니다. '샤룩 칸 마이 애드' 캠페인의 중심은 AI를 활용한 맞춤형 광고 생성에 있었습니다. 캐드버리는 AI 기술을 사용하여 샤루크 칸의 모습을 디지털화하고, 이를 통해 다양한 소상공인의 상호와 제품명을 자동으로 삽입한 맞춤형 광고를 제작했습니다.

소비자들은 간단한 입력만으로 자신이 속한 지역의 소상공인 정보와 자신의 이름을 입력할 수 있었으며, AI는 이를 바탕으로 개별화된 비디오 광고를 생성해 제공했습니다. 예를 들어 소비자가 자주 이용하는 동네 가게의 이름과 상품명을 입력하면 샤루크 칸이 해당 가게를 직접 언급하며 제품을 추천하는 광고가 자동으로 제작되었습니다. 이를 통해 단순한 초콜릿 광고를 넘어 지역사회와 소비자 간의 연결을 강화하고, 소상공인을 지원하는 착한 브랜드 이미지를 강화시켰습니다. 전통적인 광고 제작은 많은 예산과 시간이 소요되는 개인 맞춤형 광고 제작이 매우 어렵고 비효율적이었으나 AI를 통해 이를 대규모로 실행할 수 있었습니다. AI는 샤루크 칸의 디지털 아바타를 사용하여 수천 개의 맞춤형 광고를 자동으로 생성했으며, 이는 소비자에게 독특하고 개인화된 경험을 제공하는 데 중요한 역할을 했습니다.

위와 유사한 광고 캠페인은 우리나라에서도 해볼 만하다고 생각합니다. 대표적인 플랫폼 기업인 네이버와 카카오 혹은 광고 제작 스타트업 기업은 AI 기술을 활용한 소상공인 지원 광고 캠페인, 'AI가 만드는 우리 동네 광고'를 론칭하는 사업 아이디어를 제안합니다. 이 캠페인은 지역 상권 활성화를 목적으로 각 지역의 소상공인들이 AI를 통해 저비용으로 맞춤형 광고를 제작할 수 있도록 돕는 프로젝트입니다. 소상공인들은 AI 광고 도구를 사용해 손쉽게 자신만의 광고를 만들 수 있으며, 이를 통해 각 가게의 고유한 특성과 상품을 홍보할 수 있습니다.

캠페인의 핵심은 AI가 자동으로 맞춤형 광고를 생성해주는 시스템이었습니다. 소상공인들이 간단한 텍스트 입력이나 음성 안

내를 통해 가게의 이름, 판매 상품, 제공하는 서비스, 고객층 등을 AI에게 입력하면 AI는 이를 바탕으로 적합한 광고 메시지와 시각적 요소를 생성했습니다. 예를 들어 동네 카페를 운영하는 한 소상공인이 AI에게 '따뜻한 분위기의 커피숍'과 '신선한 디저트'를 입력하자, AI는 카페의 사진과 음성 내레이션을 포함한 짧은 광고 영상을 자동으로 제작했습니다. 또한 AI는 각 가게의 상호를 자동으로 읽어내어 개인 맞춤형 광고를 제작하는 기능을 제공했습니다. 소상공인들은 그저 매장의 기본 정보만 입력하면 AI가 이를 바탕으로 매장 로고와 정보를 자동으로 삽입하고, 사용자가 특정 지역에 머무르거나 관련된 검색을 할 때마다 노출되는 맞춤형 광고를 만들 수 있습니다.

한편 AI 콘텐츠의 초상권 문제는 AI 기술이 이미지 생성과 합성에 관여하면서 점차 심각한 법적 논쟁의 중심에 서 있기도 합니다. 현재 AI는 인물의 얼굴을 무단으로 사용하거나, 허가 없이 유명인이나 일반인의 이미지를 변형해 콘텐츠를 만드는 경우가 많고 이로 인한 허위사실 유포 및 사기 문제 등의 사회문제를 야기하고 있기도 합니다. 따라서 기술 발전에 따라 개인의 초상권을 보호하기 위한 법적 규제 강화가 필요하다는 요구가 커지고 있습니다. 일부 국가는 초상권과 관련한 법적 보호 장치를 마련하고 있지만, AI로 인한 이미지 합성 여부는 판단하기가 쉽지 않아 현행법도 이를 완전히 해결하지 못하는 상황입니다. AI가 생성한 가상 인물이나 실제 인물을 바탕으로 한 합성물에 대한 법적 책임과 권리 문제는 명확히 규정되지 않은 허점들에 다수의 국가가 노출된 것이 사실입니다. 이에 따라 AI의 창작 활동과 개인의 권리 보호 간의 균형을 어떻게 맞출 것인가에 대한 논의가 계속되고 있으며, 규제 강화와 법적 해석의 발전이 필요하다는 목소리가 높아지고 있습니다. 위에서 언급한 스타의 디지털 아바타를 활용한 광고 캠페인 역시 법적 테두리 내에서 신중하게 적용되어야 할 것입니다.

앞서 AI 신제품 개발, AI 광고 캠페인을 AI 마케팅의 사례로 봤는데, 이번에는 '마케팅=브랜딩'이란 관점에서 AI 브랜딩에 가장 적극적인 기업, 삼성전자와 SK 텔레콤의 브랜드 전략을 살펴보려고 합니다. 삼성전자의 반도체-가전 및 SK 텔레콤의 통신 부문은 전 세계 AI 가치사슬(Value Chain)과 직간접적으로 얽혀 있는 연계성이 큰 산업들입니다. AI 가치사슬의 일원이라면 반드시 'AI'라는 키워드는 곧 미래를 선도한다는 이미지 메이킹용으로 적극적으로 활용하는 것이 필연적인 핵심 전략(Core Strategy)이 될 것입니다.

3) 삼성전자의 AI 브랜드 전략, AI for All

삼성전자의 AI 브랜드 전략은 과거 성공적인 브랜드 사례였던 애니콜과 갤럭시의 전통을 이어가고 있습니다. 기본적으로 삼성전자는 뛰어난 기술력을 바탕으로 하는 브랜드 차별화 전략을 추

AI for All

기다리세요.
내가 삶의 주인이 되는 세상에 없던 AI 라이프.

| AI 스마트폰 | AI 냉장고 | Samsung AI TV | AI 청정고 | AI 세탁기건조기 | AI 청소기 | AI 식기세척기 |

자료: 삼성전자 홈페이지

구하고 있습니다. 'Anytime, Anywhere'라는 슬로건의 애니콜이 뛰어난 통화 품질과 다양한 부가 기능으로, 갤럭시가 혁신적인 안드로이드 운영체제와 고급스러운 디자인으로 소비자를 사로잡았던 것처럼, 이번에도 삼성전자는 AI 기술력을 바탕으로 차별화된 사용자 경험을 제공한다는 점을 강조합니다. 대표적으로 세계 최초 온디바이스 AI 폰인 갤럭시S24는 TV 광고를 통해 실시간 통역 및 사진 보정 기능 중심으로 기술적 우위를 자랑하고 있습니다. 프리미엄 시장을 선제적으로 공략해야 하는 삼성전자 입장에서 보면 기술적 우위는 경쟁자들과는 가장 차별화할 수 있는 요인입니다.

그러나 AI라는 새로운 패러다임에서 브랜드 전략은 다양한 도전을 받고 있습니다. 무엇보다도 AI라는 기술의 복잡성을 소비자들에게 명확하게 이해시키고 가치를 전달시켜야 하는 숙제를 안고 있습니다. 그리고 AI는 사용자 개인의 데이터를 기반으로 맞춤형 서비스를 제공하는 성질을 지니고 있는데, 이는 개인정보 보호에 대한 우려를 불러일으킬 수 있어서 어떻게 AI 이용자들의 신뢰 구축을 이뤄낼 수 있는지도 중요한 과제입니다. 오히려 AI 시대에 애플의 TV 광고가 개인정보 보호를 강조하는 형태로 진행되는 점은 삼성전자와의 다른 지향점을 의미하는 것이기도 합니다. 결국 AI라는 다소 추상적인 개념을 구체적이고 감성적인 브랜드 이미지로 이어지게 할 연결고리를 끊임없이 찾아야 합니다. AI 기술이 사용자 중심의 맞춤형 서비스를 제공할 수 있다는 점에서 삼성전자 제품 이용자의 삶을 어떻게 더 편리하고 풍요롭게 만들 수 있는지를 감성적으로 보여주는 것이 중요할 것입니다.

또한 AI 기술이 다양한 제품과 서비스에 적용되고, 다양한 파트너십을 통해 폭넓은 생태계를 구축해야 할 것입니다. 최근 삼성전자 가전제품 라인업에 모두 AI라는 키워드가 삽입된 것은 생태계 구축에 대한 강한 의지를 엿볼 수 있습니다. 단순히 제품 기능의 확장이 아니라, 사용자 경험의 전환을 각인시킬 브랜드 구축을 의미합니다. 즉 AI를 통해 개인화된 사용자 경험, 스마트홈과 같은 생태계 구축, 그리고 자동화된 서비스를 제공하고자 하는데, 이를 삼성 AI 브랜드로 스며들게 해야 할 과제를 안고 있습니다.

애플의 AI 브랜드 전략, 'Privacy is Power' 캠페인에서 배운다

애플은 AI 시대에서 다소 다른 접근 방식을 취하고 있습니다. 애플은 AI의 발전이 사용자의 데이터를 분석하고 이를 바탕으로 맞춤형 서비스를 제공하는 것에 중점을 두고 있지만, 무엇보다 개인정보 보호와 프라이버시를 최우선 과제로 삼고 있습니다. 애플의 'Privacy is Power' 캠페인은 사용자의 개인정보를 보호하는 것이 기술 발전 못지않게 중요하다는 메시지를 강력히 전달하고 있습니다. AI 시대에 데이터는 핵심 자산이지만, 애플은 이 데이터를 어떻게 안전하게 보호하고 사용자의 신뢰를 얻을 수 있는지가 브랜드 전략의 핵심이라고 보고 있습니다. 특히 시리(Siri)와 같은 AI 비서 기능에서 사용자의 개인 데이터를 클라우드가 아닌 기기

자료: 애플 홈페이지

내에서 처리하여, 사용자 데이터를 외부로 보내지 않는 방식을 강조하고 있습니다. 이는 AI가 개인의 데이터를 보호하며 동시에 편리함을 제공할 수 있다는 점을 강하게 부각시키는 부분입니다.

애플은 AI 기술을 자사의 생태계와 결합하여 더 많은 제품에서 개인정보 보호 기능을 강화한 AI 서비스를 선보였습니다. 예를 들어 애플은 사용자가 개인정보를 제공하지 않고도 개인화된 광고를 받을 수 있는 시스템을 도입했고, 이를 통해 프라이버시와 맞춤형 경험을 동시에 제공하는 전략을 구사하고 있습니다. 애플의 전략은 기술 혁신과 사용자의 프라이버시 보호를 어떻게 균형 있게 유지할 수 있는지를 보여줍니다. AI가 제공하는 맞춤형 서비스는 개인 데이터를 바탕으로 동작하기 때문에 소비자들이 데이터를 제공하는 것에 대한 불안감을 최소화하고, 신뢰를 쌓는 것이 중요한 전략입니다.

애플은 이러한 점에서 사용자 중심의 AI 기술 발전을 추구하며, 기술력만을 강조하기보다는 감성적인 측면에서 소비자와 연결되려는 노력을 하고 있습니다. 많은 기술적 우위를 강조하지 않고, 광고마다 딱 한 가지에만 집중하는 전략(뉴진스 광고의 카메라 기능)으로도 해석되고, 기술적 편리함으로 잊기 쉬운 프라이버시 보호를 강조하면서 감성적인 차별화를 잘 추구하는 전략으로도 해석됩니다.

4) SK텔레콤의 비전, Global AI Company

앞서 GS25는 'AI를 통한 고객 맞춤형 제품 개발', 삼성생명은 'AI를 통한 광고 개발', 삼성전자는 'AI 브랜드 구축'을 소개했는데, SK텔레콤의 경우 기업 비전에 'AI'가 삽입된 것을 확인할 수 있습니다. 기업 비전은 곧 기업이 궁극적으로 추구하려는 목표와 철학에 해당하는 것으로서 국내 통신 산업 1등 기업에서 통신이라는 '업' 자체에 대한 영역 정의를 'AI' 가치사슬 전반으로 확장시킨 것으로 이해할 수 있습니다. 창사 40주년을 맞은 SK텔레콤의 캠페인도 'AI로 대한민국을 새롭게 하는 힘'으로 명명하면서 TV 광고 속 '글로벌 텔코 AI 얼라이언스(Global Telco AI Alliance)'

AI 피라미드 전략

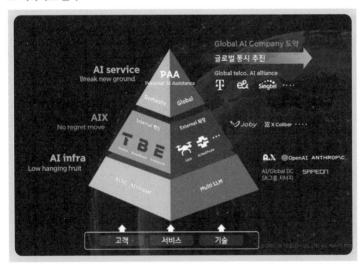

자료: SK텔레콤 홈페이지

라는 키워드가 붙여진 항공기 기장으로 변신한 김연아가 새로운 AI 시대로 이끌겠다는 메시지를 주고 있습니다. 기업 비전의 변화를 알리는 CI(Corporate Identity) 광고로서 1)~3)의 사례보다 더욱 포괄적이고 기업 자체의 목적과 방향성을 뚜렷하게 했다고 볼 수 있습니다.

따라서 기존의 대한민국 1등 통신기업이라는 이미지에서 AI 기술을 통해 우리 생활을 더욱 편리하게 만들고 있다는 방향의 메시지를 강조하고 있습니다. AI 개인 비서 '에이닷(A.)'은 통역, 녹음 등 다양한 기능을 제공하며, AI 동물 진단 솔루션 '엑스칼리버'는 전 세계 동물 병원에서 활용되고 있고, AI 반도체 '사피온'을 개발하여 AI 기술 발전을 이끌고 있으며, 글로벌 통신사들과 함께 AI 기술 개발에 협력하고 있다고 언급하면서 AI 생태계를 주도하는 점을 강조하고 있습니다. 특히 AI 기술을 통해 국경과 산업의 경계를 넘는다는 점은 내수 위주의 기업에서 AI 생태계를 주도권을 중심으로 글로벌 기업으로 확장 가능한 점도 강조하고 있습니다.

[글로벌 사례와 필자의 제안]
'키워드'를 바꾸면 브랜드 가치도 달라질까? 메타플랫폼스

메타플랫폼스(Meta Platforms), 이전의 페이스북은 2021년에 회사명을 변경하며 새로운 브랜드 전략과 기업 정체성을 강조했습니다. 페이스북이라는 이름은 전 세계적으로 SNS 플랫폼으로 유명하지만, 회사는 '메타'라는 새로운 키워드를 회사명과 기업 정체성(CI)에 통합하는 과정을 통해 더 넓은 미래 비전으로의 도약을 꾀했습니다. 메타는 단순한 소셜 미디어 플랫폼을 넘어 새로운 메타버스(Metaverse) 시대를 열겠다는 목표를 내세우며 기업의 전략을 크게 전환했습니다. 그러면 과연 페이스북이 메타로 변화한 이후 브랜드 가치 측면에서 어떻게 평가할 수 있을까요?

우선 기존 소셜 미디어 이미지를 탈피하는 데 일정한 목적을 달성한 것으로 판단합니다. 메타는 '페이스북'이라는 이름을 사용하면서 얻은 강력한 브랜드 가치를 유지하면서도, 동시에 개인정보 보호 문제와 가짜 뉴스 등 부정적 이슈와의 연관성을 점차 탈피하려는 시도를 했습니다. 메타버스라는 새로운 비전은 페이스북의 기존 한계를 넘어 새로운 가능성과 잠재력을 제시하는 것으로 인식되었으며, 이는 브랜드 확장의 중요한 전략으로 평가되고 있습니다. 또한 '메타'라는 이름과 함께한 이 변화는 메타플랫폼스가 단순히 과거의 소셜 미디어를 넘어 미래 기술을 선도하려는 의지를 담고 있습니다. 이 점은 SK텔레콤이 국내 통신업 1위 기업에서 만족하지 않고 더욱 미래지향적으로 진화하겠다는 의지와 닮아 있기도 합니다.

메타가 이 변화를 통해 더 넓은 기술 생태계를 구축하고, 디지털 세계에서 더 많은 영향력을 행사하려는 포부를 가진 것으로 평가하고 있습니다. 특히 메타는 가상현실(VR), 증강현실(AR)과 같은 기술과 자체 초거대 AI 모델, 라마(LLaMA) 등을 활용해 디지털 상호작용의 새로운 기준을 제시하고, 이를 통해 글로벌 기술 선도 기업으로서의 위치를 강화하고 있습니다. 기업의 키워드를 잘 바꾸면 브랜드 가치가 오를 수 있습니다.

무신사 사례로 살펴보는 기술 혁신에 따른 마케팅 전략의 변천사

IT 기술 혁신에 따른 디지털 마케팅의 변천사는 기술의 발전과 함께 마케팅 전략이 어떻게 변화해왔는지를 잘 보여줍니다. IT 기술 혁신은 디지털 마케팅의 진화를 이끌어왔습니다. 초기 인터넷 시대에는 배너 광고와 이메일 마케팅이 중심이었으나, 검색 엔진의 발전과 함께 구글 애드워즈(Google GAdWords, 구글 애즈의 전 이름)가 등장해 타깃팅 광고의 새 장을 열었습니다. 이어 소셜 미디어의 성장으로 페이스북과 인스타그램 광고가 개인화된 마케팅 전략을 가능케 했고, 최근에는 AI와 빅데이터 기술을 활용한 예측 분석과 넷플릭스의 추천 시스템이 고객 맞춤형 경험을 제공하는 핵심 도구가 되었습니다.

이렇게 기술 발전에 따른 디지털 마케팅 전략을 지속적으로 혁신해왔음을 보여주는 우리나라의 대표적인 성공 사례가 바로 무신사(MUSINSA)입니다. 무신사는 2001년 소규모 스트릿 패션 커뮤니티로 출발해 현재는 대한민국을 대표하는 온라인 패션 플랫폼으로 자리 잡았으며, 특히 디지털 마케팅 전략을 통해 브랜드 인지도와 고객 충성도를 크게 높여왔습니다.

1) 초기 단계(2001~2012): 커뮤니티 중심의 디지털 마케팅

2000년대 중반, 웹 2.0이 도래하면서 웹은 정적 정보 제공에서 벗어나 사용자 참여와 상호작용을 중시하는 형태로 진화했습니다. 블로그, 위키, 소셜 네트워킹 사이트들이 등장하면서 사용자 생성 콘텐츠(User-Generated Contents, UGC)가 중요해졌습니다. 이로 인해 기업들은 고객과의 양방향 소통을 통해 브랜드 이미지를 구축하고, 소비자 참여를 촉진하는 마케팅 전략을 채택하게 되었습니다. 2004년에 설립된 페이스북을 필두로 트위터, 유튜브 등의 소셜 미디어 플랫폼이 등장하며, 디지털 마케팅의 판도를 크게 바꿨습니다. 기업들은 소셜 미디어를 통해 브랜드 콘텐츠를 공유하고, 소비자와 직접 소통하며, 다양한 캠페인을 전개할 수 있게 되었습니다.

이 시기의 마케팅은 소셜 미디어에서의 인지도 확장과 팔로워 구축에 중점을 두었습니다. 그런데 한국의 싸이월드, 프리챌, 아이러브스쿨 등의 플랫폼들은 1990년대 후반부터 2000년대 초반에 걸쳐 등장했으며, 글로벌 소셜 미디어 플랫폼들이 본격적으로 성장하기 전에 사용자들이 온라인에서 교류하고 콘텐츠를 공유하는 새로운 방식의 소셜 네트워크 경험을 제공했습니다. 이러한 한국형 플랫폼들의 선제적인 열풍 속에서 그중 하나인 프리챌의 온라인 스트리트 패션 커뮤니티로 무신사는 2001년에 시작합니다.

이 당시 무신사의 주요 마케팅 전략은 웹 2.0 형태의 커뮤니티 중심 운영이었습니다. 패션에 관심 있는 사용자들이 자발적으로 정보를 공유하고, 스타일을 논의하며, 소통하는 공간을 제공했습니다. 이 과정에서 무신사는 자연스럽게 패션 트렌드를 선도하는 위치를 확보하게 되었고, 이를 통해 충성도 높은 사용자층을 형성했습니다. 특히 블로그와 포럼을 통해 패션 관련 콘텐츠를 지속적으로 제공했습니다. 이때 제공된 콘텐츠는 패션 리뷰, 스타일 팁, 인터뷰 등 다양했습니다. 초기의 디지털 마케팅 전략은 주로 사용자 생성 콘텐츠에 의존했으며, 커뮤니티 내에서 사용자들의 자발적인 참여를 유도하여 플랫폼의 신뢰도를 높였습니다.

2) 플랫폼 전환과 성장기(2013~2016): e-커머스와 브랜드 마케팅

무신사는 2013년 커뮤니티에서 패션 쇼핑 플랫폼으로 변모했습니다. 이 시점에서 무신사는 e-커머스의 장점을 활용해 더 많은 고객을 유치하고, 수익을 창출할 수 있는 기반을 마련했습니다. 무신사는 국내외 신진 디자이너 브랜드와 스트리트 패션 브랜드를 중심으로 다양한 상품을 선보였습니다. 무신사는 디지털 마케팅 전략으로 브랜드와의 협업을 적극적으로 추진했습니다. 독점 상품이나 무신사 한정판을 판매하며 희소성과 차별성을 강조했습니다.

이러한 전략은 소비자들에게 무신사를 통해서만 얻을 수 있는 가치를 제공하며 플랫폼에 대한 충성도를 높였습니다. 이 시기 무신사는 검색 엔진 최적화(Search Engine Optimization, SEO)와 콘텐츠 마케팅에 집중했습니다. 검색 엔진에서 무신사의 페이지가 상위에 노출될 수 있도록 키워드 최적화와 풍부한 콘텐츠를 제공했으며, 블로그 포스트, 스타일 가이드, 트렌드 리포트 등을 통해 자연스럽게 브랜드를 홍보했습니다.

3) 확장기(2017~2019): 데이터 기반 마케팅과 모바일 최적화

2010년대는 모바일 혁명과 더불어 데이터 기반 마케팅이 본격적으로 자리 잡은 시기입니다. 2010년대 초반 스마트폰의 보급이 급격히 확대되면서 모바일 마케팅이 중요해졌습니다. 앱 기반 광고, 위치 기반 서비스(LBS), 모바일 친화적 웹사이트 등이 주요 마케팅 도구로 떠올랐습니다. 기업들은 모바일을 통해 언제 어디서나 고객과 연결될 수 있게 되었고, 이를 통해 개인화된 마케팅이 가능해졌습니다. 그리고 2010년대 중반부터 빅데이터와 데이터 분석이 디지털 마케팅의 핵심 요소로 자리 잡았습니다. 고객의 온라인 행동 데이터를 수집하고 분석하여 더 정밀하게 타깃팅된 마케팅 캠페인을 전개할 수 있게 되었습니다. 이는 고객의 선호도, 구매 패턴, 상호작용 기록 등을 분석하여 고객 맞춤형 콘텐츠와 광고를 제공하는 형태로 발전했습니다.

무신사 역시 이런 디지털 마케팅 트렌드를 감안하여 2017년부터 빅데이터와 AI를 활용한 데이터 기반 마케팅 전략을 강화했습니다. 고객의 구매 패턴, 선호도, 검색 이력 등을 분석하여 개인화된 추천 시스템을 구축했습니다. 이를 통해 고객 맞춤형 마케팅을 강화하고 전환율(Conversion Rate)을 높였습니다. 모바일 쇼핑의 중요성이 증가함에 따라 무신사는 모바일 앱을 최적화하고, 사용자 경험(UX)을 개선하는 데 주력했습니다. 모바일 환경에서의 사용 편의성을 높이고, 다양한 모바일 전용 프로모션을 진행하여 모바일 사용자층을 공략했습니다. 그리고 무신사는 이 시기에 SNS 마케팅을 적극 활용했습니다. 인스타그램, 페이스북 등 소셜 미디어 플랫폼에서 무신사만의 감성을 담은 콘텐츠를 꾸준히 제작하여 브랜드 인지도를 확장했습니다. 또한 패션 인플루언서들과 협업하여 자연스럽게 제품을 홍보하고, 무신사 브랜드에 대한 관심을 유도했습니다.

4) 성숙기 및 현재(2020~현재): AI 마케팅과 글로벌 확장

2020년대에 들어서면서 AI와 머신러닝이 디지털 마케팅의 핵심 기술로 자리 잡았습니다. AI를 활용한 개인화 마케팅, 챗봇, 예측 분석, 그리고 콘텐츠 생성 등은 고객 경험(CX)을 크게 개선하고, 마케팅의 효율성을 높이는 데 기여하고 있습니다. AI 기반의 개인화 추천 시스템은 고객의 취향과 행동 데이터를 실시간으로 분석하여 개인 맞춤형 광고와 콘텐츠를 제공하는 데 중점을 두고 있습니다. 또한 2020년대에는 라이브 스트리밍을 활용한 마케팅이 크게 주목받고 있습니다. 특히 코로나19 팬데믹 이후 라이브 커머스가 중국과 한국을 중심으로 급성장했습니다. 또한 인플루언서 마케팅은 소셜 미디어 플랫폼에서 더욱 정교해졌고, 나노(Nano) 인플루언서부터 매크로(Macro) 인플루언서까지 다양한 계층의 인플루언서를 활용한 캠페인이 활발해졌습니다.

이 시기 무신사 역시 AI 기술을 더욱 고도화하여 개인화 마케팅을 강화하고 있습니다. AI 알고리즘을 통해 고객의 구매 이력과 행동 데이터를 분석하여 개인 맞춤형 추천, 푸시 알림, 이메일 마케팅 등을 실행하고 있습니다. 이를 통해 고객의 재방문율과 구매 전환율을 높이는 데 주력하고 있습니다. 그리고 동영상 콘텐츠 플랫폼인 무신사 TV를 론칭하여 다양한 패션 관련 콘텐츠를 제작하고 있습니다. 이는 단순히 제품 판매에 그치지 않고 무신사 자체의 브랜드 가치를 높이며 고객과의 접점을 확장하는 데 중요한 역할을 하고 있습니다. 최근 무신사는 라이브 커머스를 적극 도입하여 실시간으로 제품을 소개하고, 소비자와 소통하는 새로운 쇼핑 경험을 제공합니다. 이는 고객에게 더욱 몰입감 있는 쇼핑 경험을 제공하며, 실시간으로 구매를 유도하는 효과적인 마케팅 도구로 자리 잡고 있습니다.

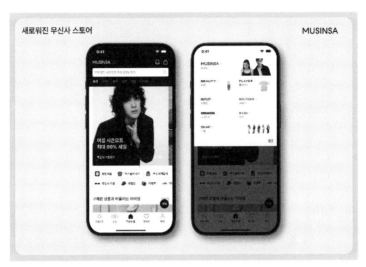

자료: 무신사 홈페이지

기술 혁신에 따른 디지털 마케팅 전환의 실패 사례, GAP

무신사의 성공 사례와 정반대로 기술 혁신에 따른 디지털 마케팅 전환의 실패 사례로 글로벌 패션 플랫폼 '갭(GAP)'을 꼽을 수 있습니다. 갭의 디지털 마케팅 전환이 지연된 주된 원인은 전통적인 오프라인 중심의 비즈니스 모델에 대한 고집과 변화에 대한 느린 대응 때문입니다. 갭은 오랜 기간 대형 매장을 중심으로 한 오프라인 유통망을 통해 성공을 거두었고, 2000년대 초반에도 매장 확장에 주력했습니다.

반면 자라(ZARA)와 H&M은 빠르게 온라인 플랫폼과 모바일 환경에 적응해 소비자와의 소통을 강화했습니다. 특히 자라는 실시간 재고 관리와 생산 시스템을 활용한 빠른 제품 회전율을 기반으로 IT 기술을 접목한 디지털 마케팅에 집중했습니다. 갭은 이러한 변화에 대응하지 못하며 디지털 전환에서 뒤처졌습니다. 그렇게 되면서 갭은 시장 지위를 크게 잃게 되었습니다. 2010년대 중반까지 갭의 매출은 지속적으로 하락했으며, 온라인 쇼핑의 성장에 따라 소비자들이 자라나 H&M 같은 빠르고 트렌디한 브랜드로 이동했습니다.

2019년 갭의 매출은 약 168억 달러에 그쳤으나, 같은 해 자라의 모회사 인디텍스(Inditex)의 매출은 약 360억 달러로 갭을 크게 앞질렀습니다. 이러한 차이는 디지털 마케팅과 IT 혁신을 빠르게 수용한 자라와 H&M의 유연한 전략이 주요 요인으로 지적됩니다. 결국 갭은 디지털 마케팅의 전환이 늦어진 결과로 시장점유율을 상실했고, 이로 인해 매출과 수익성이 악화되었습니다. 전문가들은 갭이 디지털 혁신에 더 일찍 나섰다면 현재와 같은 경쟁력 저하를 피할 수 있었을 것이라고 평가하고 있습니다.

디지털 네이티브와
AI

한동안 MZ라는 타깃이 마케터들의 관심 대상이었다면, 최근에는 알파라는 세대가 새로운 타깃으로 떠오르고 있습니다. 알파세대에 대해 이야기하기 전에, 왜 마케터들은 세대 구분을 하는지 살펴보겠습니다.

마케터들이 세대를 구분하는 이유는 각 세대가 고유한 특성과 소비 패턴을 가지기 때문입니다. 회사는 한정된 자원(예산)으로 마케팅을 효율적으로 운영해야 하기 때문에 마케터들은 타깃을 선정한 후 그에 맞는 마케팅 전략을 수립하고, 제품과 서비스를 효과적으로 커뮤니케이션하기 위해 노력합니다. 그렇기 때문에 대한

민국 국민 모두에게 우리의 제품을 '다 팔겠다'라는 전략은 절대 세울 수 없습니다. 마케터들은 자신들이 마케팅해야 하는 브랜드에 대해 분석하고, 가장 효율적으로 구매를 이끌어낼 수 있는 고객층을 찾아냅니다.

마케터들이 고려하는 타깃층, 즉 각 세대는 특정한 선호도를 가지고 있습니다. 예를 들어 베이비붐 세대는 전통적인 매체를 선호하는 반면, 밀레니얼 세대와 알파 세대는 디지털 매체와 소셜 미디어를 더 좋아합니다. 세대마다 선호하는 커뮤니케이션 스타일이 다르기 때문에 마케터들은 각 세대에 맞는 메시지를 개발하여 전달해야 합니다. 세대별로 브랜드 충성도를 구축하는 방법도 다릅니다. MZ는 소셜 미디어와 인플루언서를 통한 마케팅에 더 반응하고, 파타고니아처럼 환경친화적이고 사회적 책임을 다하는 브랜드에 더 높은 충성도를 보입니다.

이러한 정보를 통해 마케터들은 각 세대의 가치관과 신념에 맞춘 브랜드 이미지를 구축할 수 있습니다. 또한 세대 구분은 시장을 세분화하는 데 중요한 역할을 합니다. 이를 통해 마케터들은 보다 정교하고 타깃팅된 마케팅 캠페인을 설계할 수 있습니다. 결론적으로 마케터들이 세대를 구분하는 것은 각 세대의 고유한 특성과 소비 패턴을 이해하여 효과적인 마케팅 전략을 수립함으로써 마케팅 활동의 효율성을 높이고 고객과 더 나은 소통을 가능하게 하기 위해서입니다.

'세대 연결 기술'을 슬로건으로 내세운 기아자동차 신형 카니발 캠페인의 한 장면

자료: 이노션

　서로 다른 세대에 대해, 그리고 이 세대를 연결하기 위해 어떻게 해야 하는지에 대한 고민을 담은 TV 광고가 있었습니다. '국민 패밀리카'로 불리는 기아자동차 2020년 카니발 캠페인을 통해 다양한 세대로 구성된 가족, 그리고 이 세대를 연결하는 기술을 캠페인에 담았습니다. 카니발은 가족 구성원을 아빠, 엄마, 아이가 아닌 X세대(아빠), Y세대(엄마), Z세대(아이)로 표현하며 Z세대 자녀가 화자로 등장해 "90년대의 신세대 X가 밀레니얼 세대인 Y를 만나 최초의 디지털 인류인 나, Z가 태어났다"라는 내레이션으로 가족이라는 이름으로 묶기에는 서로의 취향이 너무 다르다는 공감 요소를 정확히 전달하고 있습니다.

　사실 회사나 사회 외에 가정에서도 세대 갈등이 자주 일어납니다. 한 가정에 X세대, MZ세대, 그들의 자녀인 알파 세대가 있다고 하면 너무나도 다른 세대가 서로 다른 방식으로 살아가기 때문

에 갈등이 없을 수가 없습니다. 특히 코로나로 인해 집에 머무는 시간이 늘어나면서 가정 내 세대 갈등은 점점 심해지고 있다는 통계 결과도 있습니다. MZ, 베이비부머, X세대 등 디지털 세대 구분은 주로 출생 연도에 따라 세대를 나누며, 각 세대는 기술과의 상호작용 방식, 기술에 대한 태도, 디지털 기기 사용 능력에서 차이를 보입니다. 그래서 우리가 같은 시대에 살고 있지만, 세대에 따라 사는 방식은 매우 다양합니다.

1) 베이비붐 세대(Baby Boomers), 1940~1964년

기술 발전이 시작될 무렵 성인이 된 전통적인 아날로그 세대입니다. 초기 컴퓨터와 인터넷 사용에 익숙하지 않지만, 점차 디지털 기술을 받아들여야 살 수 있음을 인지하고 있는 세대입니다. 스마트폰, 이메일, 소셜 미디어 사용이 증가하고 있으나, 여전히 전통적인 미디어와 오프라인 소통 방식을 선호하는 경향이 있습니다. 〈응답하라 1988〉이라는 드라마에 나오는 부모님의 모습이 딱 베이비붐 세대의 가치관, 가정 내 역할, 이웃과의 관계를 잘 보여주는 것 같습니다.

2) X세대(Generation X), 1965~1979년

아날로그에서 디지털로 전환되는 시기를 경험한 세대입니다. 컴퓨터와 인터넷의 초기 사용자들이기 때문에 기술 변화에 비교적 적응을 잘합니다. 이메일과 모바일 기기를 적극적으로 사용하며, 소셜 미디어에도 익숙하지만 디지털 기기 사용 능력은 개인에 따라 편차가 심한 편입니다. X세대를 쉽게 이해하기 위해서는 2018년에 방영된 〈나의 아저씨〉라는 드라마를 참조하면 좋을 것 같습니다. 40대 중년 남성과 20대 젊은 여성이 서로의 상처를 이해하며 치유해가는 과정을 그린 이 드라마는 X세대와 밀레니얼 세대 간의 세대 차이, 삶의 고난, 그리고 사회적 문제를 섬세하게 묘사하고 있습니다. 특히 남자 주인공을 통해 X세대가 느끼는 중압감, 책임감, 그리고 희망을 잃지 않으려는 노력이 잘 표현되는 것 같습니다.

3) 밀레니얼 세대(Generation Y), 1980~1994년

밀레니얼 세대는 인터넷과 디지털 기술이 확산되던 시기에 성장한 세대입니다. 이들은 디지털 네이티브에 가깝고, 스마트폰, 소셜 미디어, 온라인 쇼핑 등에 익숙합니다. 디지털 기기를 일상생활의 중요한 도구로 사용하며, 기술 변화에 빠르게 적응하는 경향이 있습니다. 일본에서도 리메이크하여 엄청난 인기를 얻었던, 〈이태원 클라쓰〉라는 드라마를 통해 우리는 젊은 밀레니얼 세대 창업가들이 다양한 어려움을 극복하며 성공을 향해 나아가는 이야기를 볼 수 있었습니다. 밀레니얼 세대의 도전 정신, 다양성 존중, 그리고 개성 표현은 계속될 것입니다.

4) Z세대(Generation Z), 1995~2009년

디지털 환경에서 자란 첫 세대입니다. 이들은 스마트폰, 태블릿, 소셜 미디어, 스트리밍 서비스 등을 자연스럽게 사용하며, 기술 사용 능력이 매우 뛰어납니다. 디지털 콘텐츠 소비와 생산에 능숙하고, 빠른 정보 습득과 멀티태스킹에 강합니다. 또한 온라인 상에서의 소통과 커뮤니티 형성에도 익숙합니다. 젠지(Gen-Z) 세대에 대해 잘 표현하고 있는 콘텐츠는 넷플릭스의 〈인간수업〉입니다. 이 드라마는 청소년들의 복잡한 관계와 사회적 압박을 다룹니다. 젠지 세대의 특징인 디지털 네이티브로서의 정체성과 가치관이 잘 드러나며, SNS와 디지털 문화가 청소년의 삶에 미치는 영향, 동료 관계의 복잡성, 세대 간의 갈등 등을 잘 보여줍니다.

5) 알파 세대(Generation Alpha), 2010~2025년

디지털 기기가 더욱 발달한 환경에서 자라고 있습니다. 이들의 부모들이 대부분 디지털 경험이 많은 밀레니얼들이기 때문에 알파 세대는 태어나면서부터 스마트폰과 태블릿을 사용하며 디지털 기술이 삶의 모든 부분에 통합되어 있는 특징을 지닙니다. 이 세대는 AI, AR, VR 같은 최신 기술에 노출되며, 이를 통해 학습하고 놀며 창의성을 발휘합니다.

6) AI와 함께 등장하는 새로운 인류

앞으로의 AI 시대를 이끌고 갈 알파 세대는 2010년대 초반부터 2020년대 중반까지 태어난 세대로, 이들은 디지털 환경 속에서 태어나서 자라나고 있습니다. 이들은 기존 젠지 세대보다 기술 친화적인 세대입니다. 필자는 알파 세대의 자녀가 있기 때문에 가끔 저보다 빨리 디지털 기기나 프로그램을 다루는 것을 목격할 때가 있습니다. 이들은 가르쳐주지 않아도 스마트폰, 태블릿, 컴퓨터와 같은 디지털 기기들을 자연스럽게 사용합니다. 새로운 디지털 도구와 플랫폼을 빠르게 익히는 능력이 뛰어나며, 인터넷과 소셜 미디어를 통해 정보를 얻고, 친구들과 소통하며, 엔터테인먼트를 즐깁니다. 소셜 미디어 플랫폼을 통해 자신의 생각과 일상을 공유하는 것이 일상화되어 있습니다.

게다가 알파 세대는 창의성과 자기표현에 있어서도 뛰어난 능력을 발휘합니다. 이들은 유튜브, 틱톡, 인스타그램 등 다양한 디지털 플랫폼을 통해 자신의 창의성을 표현하며, 비디오, 사진, 음악 등을 제작하고 공유합니다. 글, 이미지, 비디오 등 다양한 형태로 자신을 표현하며, 이는 그들의 창의성을 더욱 풍부하게 만들고 자신감을 키우는 데 큰 도움이 됩니다.

최근 애플에서 하는 다양한 세션에 알파 세대 아이와 함께 참여하고 있습니다. 알파 세대 이야기를 하면서 갑자기 애플 세션을 소개하는 이유는 애플이 알파 세대들에게 친숙함으로 살며시 다가가 잠재고객을 형성하는 똑똑한 마케팅을 하고 있기 때문입니다. 애플 세션은 아이패드로 드로잉하기, 이모티콘 만들기, 코딩으로 생애 첫 앱 디자인하기 등 다양한 세션들로 구성되어 있고 이미 인기 있는 세션들은 빨리 클릭하지 않으면 마감이 될 만큼 인기가 있습니다. 이 세션들은 아이들을 대상으로 하는 세션과 애플 입문자를 대상으로 하는 세션, 그리고 애플을 좀 더 잘 활용하고자 하는 세션으로 나뉩니다. 특히 유아기부터 아이패드를 장난감 삼아 성장해 '아이패드 키즈'라고 불리는 미국의 어린이와 청소년들은 게임 플랫폼 내에서 친구들과 소통하고 협력하며, 가상의 세계에서 다양한 사회적 경험을 쌓는 것에 매우 익숙합니다.

우리나라도 미국만큼은 아니지만 아이패드와 갤럭시 패드에 익숙한 아이들이 상당히 많습니다. 필자는 삼성전자가 저의 첫 직장이고 유학을 다녀와서는 엘지전자에서 마케팅을 했지만, 경쟁사 벤치마킹을 핑계로 핸드폰은 예전부터 아이폰을 쭉 사용하고 있습니다. 그 영향인지 아이도 애플이라는 환경에 친숙한 것 같습니다. 아이패드에서 애플 펜슬로 드로잉하기 세션을 통해 너무나도 자연스럽게 애플 펜슬로 그림을 그리는 아이를 보면서, 이 아이가 앞으로 살아갈 세계와 마케팅을 하는 방식에 대해 생각을 하게 되었습니다. 이 아이들은 디지털 기계가 너무 자연스럽고 당연한 것이기 때문에 디지털 기계를 스스로 제어할 능력이 된다면 무한하게 이를 개발시켜줘야겠다는 생각이 들었고, 또 본업인 마케팅 관점에서는 브랜딩을 통한 잠재 고객을 확보하는 방식이 바뀌어야 한다는 생각을 했습니다.

어린이·가족 프로그램 >
온 가족을 위한 즐거운 학습 경험으로의 초대. 가까운 매장에서 열리는 최신 세션을 살펴보세요.

Apple 캠프: '친절'을 주제로 인터랙티브형 이야기책 만들기

자료: 애플 홈페이지

요즘 사람들을 만나면 브랜드들이 고객과 함께 늙어간다는 고민을 많이 이야기합니다. 실제로 그렇게 노후화되어 시장에서 지배력을 잃어가는 브랜드들이 너무나도 많습니다. VIP 고객 케어를 위해 전화를 드렸더니 이미 고객분이 돌아가셨다는 슬픈 이야기를 들으면서, 기존의 충성고객들을 잘 지켜나가야 함과 동시에 앞으로 우리 상품을 구매할 미래 고객에 대한 투자도 스마트하게 이루어져야 한다는 얘기를 하고 싶습니다.

애플은 어렸을 때부터 자연스럽게 드로잉이나 사진을 애플의 제품을 사용하여 접하게 함으로써 이 어린이들이 자랐을 때의 미래를 미리 대비하고 있습니다. 무신사도 최근에 한림예고와 콜라보레이션을 하면서 인플루언서 양성 및 미래의 고객들을 자연스럽게 유입시키는 똑똑한 마케팅을 하고 있습니다. 우리은행도 핑크퐁과 함께 콜라보레이션 콘텐츠를 만들어 잠재고객들에게 인지도를 높이고 있습니다. 브랜드를 갑자기 확 바꾸어 기존 고객도 잃고 새로운 고객도 잃는 방식보다는 기존의 브랜드 에센스는 잘 살

자료: 무신사 홈페이지

리면서 미리미리 잠재고객들을 확보해가는 방식을 사용하는 것이 더 현명한 길이 아닐까요?

　글로벌 마인드셋도 알파 세대의 중요한 특징 중 하나입니다. 이들은 글로벌화된 환경에서 자라며 다양한 문화와 배경을 이해하고 존중합니다. 다른 문화에 대한 개방적인 태도를 가지고 있으며, 글로벌 이슈에 대한 관심이 높습니다. 또한 영어 등 외국어를 자연스럽게 배우고 사용하며, 다양한 언어로 소통할 수 있는 능력을 갖추고 있습니다. 협업과 커뮤니케이션 능력 역시 알파 세대의 중요한 특징입니다. 이들은 디지털 도구를 활용한 협업과 팀워크에 익숙하며, 온라인 협업 플랫폼과 소셜 미디어를 통해 프로젝트를 수행하고 문제를 해결하는 능력을 키우고 있습니다. 메시징 앱, 소셜 미디어, 이메일 등을 통해 전 세계 사람들과 소통하며, 디지털 커뮤니케이션이 일상화되어 있습니다.

결론적으로 알파 세대는 디지털 기술의 발달과 함께 성장한 세대로, 기술 친화적이고 창의적이며 사회적 책임감을 가진 특징을 지니고 있습니다. 이들은 개인화된 학습을 선호하고, 건강과 웰빙에 높은 관심을 가지며, 글로벌 마인드셋과 협업 능력을 갖추고 있습니다. 이러한 특징들은 알파 세대가 곧 다가올 AI 미래 사회에서 중요한 역할을 할 수 있도록 돕고 있으며, 그들의 삶과 사회에 긍정적인 영향을 미치고 있습니다.

이런 알파 세대의 특징을 가장 잘 보여주면서 앞으로의 미래를 준비하는 데 약간의 도움이 될 수 있는 로블록스 캠프를 소개합니다. 로블록스 캠프를 이야기하기 전에, 먼저 로블록스에 대해 간단히 얘기해보겠습니다. 로블록스(Roblox)는 사용자들이 다양한 게임을 직접 만들고, 다른 사람들이 만든 게임을 플레이할 수 있는 온라인 플랫폼입니다. 2006년에 출시된 로블록스는 기본적으로 사용자 생성 콘텐츠에 초점을 맞추고 있어, 사용자들의 창의력과 상상력을 발휘해 게임을 개발하고 공유할 수 있다는 장점이 있습니다.

로블록스는 이미 2조 원이 넘는 매출 규모를 기록했으며,《월스트리트저널》에 따르면 4조 이상의 기업가치를 평가받고 있습니

자료: 로블록스 홈페이지[1]

다. 로블록스 안에서 이용자들은 게임 제작 툴과 프로그래밍 언어인 Lua가 제공되는 로블록스 스튜디오를 이용해 자신이 직접 게임을 만들고, 다른 사용자가 만든 게임을 플레이합니다. 최근 로블록스는 게임을 넘어 새로운 근무 공간으로도 진화하고 있습니다. 글로벌 가구 기업 이케아(IKEA)는 로블록스 플랫폼 안에 가상의 이케아 매장을 만들어 원격 근무 환경을 조성했고 이 가상의 사무 공간 안에서 직원들은 회의, 프로젝트 협업 진행이 가능하게 만들었습니다.

로블록스 캠프는 이런 로블록스를 좋아하는 아이들에게 개발과 코딩을 배울 수 있는 기회를 제공하는 곳입니다. 이 캠프는 주

자료: 이케아 홈페이지[2]

로 여름방학이나 학교가 쉬는 기간에 열리며, 참가자들은 로블록스 스튜디오와 같은 도구를 사용해 자신만의 게임을 만들고 공유하는 방법을 배우게 됩니다. 로블록스는 앞서 언급한 것처럼 단순히 게임만 하는 것이 아니라 아이템이나 게임을 직접 만들 수 있는 장점이 있기 때문에 캠프의 목표 역시 캠프를 통해 코딩 교육, 게임 디자인, 문제 해결 능력 향상, 그리고 팀워크와 협업을 통한 사회성 개발에 초점을 맞추고 있습니다.

게다가 로블록스 캠프는 전 세계 여러 나라에서 열리며, 특히 영어권인 미국, 캐나다, 영국, 호주, 싱가포르 등에서 활발히 운영되고 있습니다. 방학 때만 되면 영어 공부를 위해 해외에 어학연

수를 보내려고 하는 부모님과 게임을 좋아하는 아이들, 서로 다른 이들의 니즈를 잘 맞춰줄 수 있는 곳이기에 앞으로 많은 인기를 끌 것이라고 생각합니다. 물론 AI 시대를 준비해야 하는 부모의 입장에서도 솔깃할 수밖에 없을 거라 생각됩니다. 아마 필자를 곧 이곳에서 만나실 수도 있을 것 같습니다.

02

AI로 무엇을 팔 것인가

제품 서비스에 무한한 무형자산을 더하면

또다시 로블록스 이야기를 하려고 합니다. 몇 년 전 로블록스에서 구찌 디지털 에디션 핸드백이 4,115달러(한화 약 472만 원)에 판매되었습니다. 현실에서 판매되는 리얼 레더 구찌 가방의 가격보다 800달러나 더 비싸게 팔리면서 많은 사람이 소비 참여와 동시에 일어나는 신흥 경제에 관심을 갖게 되었습니다. 지금은 약간 인기가 시들해졌지만 메타버스는 효율적으로 활용하면 새로운 잠재고객을 유인할 수 있고 또 고객이 메타버스 안에서의 적극적인 참여를 통해 브랜딩을 효과적으로 할 수 있다는 데 마케팅적으로 의미가 큽니다. 기존의 제품에 다른 무형자산, 즉 경험, 가상공간,

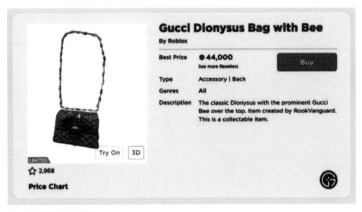

자료: 구찌 로블록스 홈페이지

가상상품 등을 더하면 고객에게 혁신적이고 새로운 경험을 제공해줄 수 있습니다.

또 AI는 방대한 양의 데이터를 분석해 고객의 선호도와 행동 패턴을 파악하여 제품과 서비스를 개인화함으로써 기존의 제품이나 서비스에 새로운 무형자산을 추가시켜줍니다. 원래 우리가 제품에게 기대했던 것이 A라는 서비스라고 생각해봅시다. 그런데 A라는 서비스에 AI는 고객이 가장 선호하는 기능이나 스타일을 예측하고 맞춤형 제품을 추천해주는 또 다른 무형자산을 추가해줄 수 있습니다. 우리가 자주 보는 넷플릭스를 생각해보면, 이미 넷플릭스는 고객이 선택했던 콘텐츠를 기반으로 고객의 취향을 예측하여 맞춤형 콘텐츠를 추천해주고 있습니다. 내가 귀찮게 일일이 찾지 않아도 내 취향을 딱 알아서 맞추어주니 사용자 만족도나 이탈률이 낮아지는 것은 너무 당연한 결과입니다. 결론적으로 AI의 활용은 기존 제품에 또 다른 무형자산을 수혈해줄 수 있어 기업의 경쟁력을 강화하고 새로운 비즈니스 기회를 창출하는 데 기여할 수 있습니다.

니콜 그린(Nicole Greene)은 가트너(Gartner)의 부사장 겸 분석가로, AI와 디지털 경험의 변화에 대한 예측을 다음과 같이 하고 있습니다. 앞으로는 구글의 검색 생성 경험(Search Generative Experience, SGE)이 사용자들 사이에서 인기를 끌 것이며, 이는 디지털 마케팅에 큰 변화를 가져올 것으로 예상합니다. 가트너의 연구에 따르면, 2025년까지 생성형 AI는 대화형 AI의 80%를 차지하고, 2026년에는 검색 마케팅이 AI 챗봇에 시장점유율을 잃을 것이라고 합니다. 또한 니콜 그린은 챗봇이 고객 서비스 중에 할인 쿠폰을 제공하는 방식으로 광고를 통합할 수 있다고 설명하며, 이는 고객의 장바구니 크기와 충성도를 높일 수 있는 방법이라고 강조하고 있습니다.

B2B 마케팅 측면에서도 챗봇을 활용해 구매자가 필요한 정보를 신속하게 찾을 수 있도록 하고, 관련된 메시지를 제공하는 것이 중요하다고 설명했습니다. 니콜 그린은 챗봇이 대화에서 맥락에 맞는 광고 메시지를 전달하는 데 중점을 두어야 한다고 강조하며, B2B의 복잡한 구매 과정에서 이러한 전략이 필요하다고 덧붙였습니다. 니콜 그린의 이야기대로 챗봇이라는 서비스에 AI라는

무한한 데이터 자산을 붙이면 기존의 구매 과정과는 다른 구매 여정을 이끌어낼 수 있습니다. 이것은 B2C뿐만 아니라 B2B에도 영향을 줄 수 있는 분야이기 때문에 마케팅적으로 매우 중요하고 앞으로 바뀔 광고 시장의 흐름 예측에도 매우 도움이 됩니다.

03

AI로 누구에게 팔 것인가

고객 카테고리의 다차원적인 시도를 하면

우리는 고객들에게 좋은 경험을 제공해야 합니다. 이것은 AI 시대가 오든, 과거의 아날로그 시대에 머물러 있든 변하지 않는 공통적인 요소입니다. 그러면 좋은 경험을 디자인하려면 어떻게 해야 할까요? 좋은 경험을 제공하려면 동일한 전략 안에서 제품 개발, 디자인, 마케팅 전략, 광고, 유통, 판매까지가 이루어져야 합니다. 이런 좋은 고객 경험을 위해 AI를 활용해 고객 카테고리의 다차원적인 시도를 할 수 있습니다. AI를 통해 고객 마케팅을 진행하면 다양한 측면에서 보다 정교하고 효과적인 타깃팅이 가능해집니다.

이러한 접근 방식은 고객의 다양한 특성과 니즈를 반영하여
맞춤형 제품과 서비스를 제공함으로써 고객 만족도와 충성도를

AI가 마케팅에 주는 영향

AI   NLP   센서 기술   로봇공학   AR과 VR   IOT와 블록체인

제품/서비스 개발
• 예측적 제품 개발
• 대량 최적화
• 가변적 가격 책정
• 서비스 시스템화

퍼포먼스 마케팅
• AI 타깃팅
• AI 광고 제작
• 프로그래매틱 바잉

유통 채널
• 셀프 키오스크
• 드론 배송
• 생체인식 결제
• IoT 소매업 혁신
• 가상 경험

콘텐츠 마케팅
• AI 타깃팅
• 콘텐츠 개인화
• 콘텐츠 최적화

생산성
비용 효율
업무 속도
인력 투입

CRM 마케팅
• 잠재고객 관리 챗봇
• AI 고객관리
• 판매 예측 및 분석

다이렉트 마케팅
• 제품 추천 알고리즘
• 개인화 마케팅
• 마케팅 자동화

개인화된 서비스   사회적 연결 촉진   경험의 혁신

자료: 《마케팅 웨이브》(김유나 교수), 학지사비즈

높일 수 있습니다. 결론적으로 절대다수를 타깃으로 하는 방식이 사라지고 소수의 수많은 그룹으로 나누어지는 세분화된 마케팅이 주류를 이룰 것입니다. 이렇게 되면 역설적으로 브랜드 포지셔닝이 상대적으로 또 중요해집니다.

AI를 이용한 고객 세분화 및 타깃팅은 현대 마케팅의 중요한 전략으로 자리 잡을 예정입니다. 지금도 많은 플랫폼이 CRM 팀이나 데이터 팀들을 동원해서 고객의 구매 행동을 분석하고 맞춤형 추천을 제공하여 전환율을 높이는 데 집중하고 있습니다. 물론 아직까지는 사람의 노력이 필요합니다. 그런데 AI는 방대한 데이터를 분석하여 고객을 다양한 세그먼트로 세분화할 수 있습니다. 이러한 세분화는 단순한 인구통계학적 정보를 넘어 고객의 행동 패턴, 구매 이력, 선호도, 온라인 활동 등을 종합적으로 고려합니다.

또한 AI는 각 고객 세그먼트에 맞춤형 마케팅 캠페인을 설계할 수 있습니다. 이를 통해 각기 다른 고객 그룹에 최적화된 메시지와 프로모션을 전달할 수 있습니다. AI는 고객의 미래 행동을 예측하고 이에 맞춰 적절한 조치를 취할 수 있습니다. 실시간 데이터 분석을 통해 즉각적인 개인화된 경험을 제공하는 것도 가능합니다. 아마존은 이미 AI 기반의 실시간 추천 시스템을 통해 사용자에게 개인화된 제품 추천을 제공하여 구매 전환율을 높이고 있습니다.

AI는 다양한 고객 접점에서 일관된 개인화된 경험을 제공할 수 있습니다. 마케팅에서 온라인 웹사이트, 모바일 앱, 소셜 미디어, 오프라인 매장 등 모든 채널에서 일관적인 경험을 한다는 것은 매우 중요한 일이나, 실제 상황에서는 여러 가지 이유로 이 당연한 것들이 제대로 지켜지지 않는 경우가 많습니다. 앞에서도 잠깐 살펴보았던 세포라는 AI를 활용해 온라인과 오프라인에서 일관된 맞춤형 뷰티 추천 서비스를 제공하고 있습니다.

이제 AI 마케팅 시대가 도래하면 온라인과 오프라인의 경계를 굳이 나누어서도 안 되고 나눌 필요도 없어집니다. 예를 들어 의류 매장을 방문했다고 가정해보겠습니다. 오프라인 의류 매장에 가면 지금처럼 옷을 직접 입어볼 수도 있겠지만, 그런 행동이 귀찮은 사람들은 AR로 피팅이나 코디를 해볼 수 있습니다. 꼭 오프라인의 매장 점원이 사람이 아닐 수도 있습니다. 홀로그램 점원이 나를 응대하는 세상이 올 수도 있습니다. 갑자기 2018년에 신규 마케팅 팀을 리드하면서 AR 피팅을 도입하려고 여러 차례 검토하고 보고했었던 일들이 생각납니다. 그땐 너무 의욕에 가득 차 새로운 기술에 대한 열정이 남들보다 너무 지나치게 빨랐던 것 같습니다. 모든

2018년 출시된 피팅 서비스

것에는 항상 시기가 중요한 것 같습니다.

고객의 편의를 위해 가장 먼저 앞장서고 있는 아마존은 제가 2018년에 제안했던 피팅의 업그레이드 버전인 버추얼 트라이온(Virtual Try-On) 서비스를 제공하고 있습니다. 아마존의 버추얼 트라이온은 온라인 쇼핑 경험을 혁신적으로 개선하기 위해 개발된 AR과 AI 기반의 서비스입니다. 이 서비스는 소비자가 제품을 실제로 착용해보지 않고도 가상으로 착용 모습을 확인할 수 있는 특징이 있습니다. 스마트폰 카메라나 웹캠을 통해 사용자의 이미지를 실시간으로 캡처하고, 선택한 제품을 가상의 이미지로 입혀

아마존의 버추얼 트라이온 서비스

자료: 버추얼 트라이온 홈페이지

줌으로써 매우 현실감 있는 착용 경험을 선사합니다.

이 과정에서 AI 알고리즘이 사용자의 신체 치수와 얼굴 윤곽을 인식하여 최적의 착용감을 제공하며, 주로 안경, 신발, 옷 등의 패션 아이템에 적용되고 있습니다. 고객이 다양한 제품을 비교해 보고 자신에게 가장 잘 어울리는 제품을 선택할 수 있게 도움을 주기 때문에 플랫폼에서 가장 고민하는 반품을 줄이고 고객 만족도를 높이는 데 도움을 줍니다. 우리나라의 플랫폼 대표 주자들도 좀 더 정교한 AI와 AR 기술을 활용해 패션뿐 아니라 다양한 카테고리에 적용하면 좋을 것 같습니다.

AI로 어떻게 팔 것인가

기존 마케팅 도구들에 혁신 터보엔진을 장착하면

마케팅에 AI라는 터보엔진이 장착되면 어떻게 될까요? 정답은 '생산성과 창의성이 높아진다'입니다. 마케터들은 늘 새로운 아이디어와 콘셉트 도출을 위해 고민합니다. 이런 콘셉트와 아이디어는 갑자기 하늘에서 뚝 떨어지는 것이 아닙니다. 경쟁사 벤치마킹을 통해, 시장의 트렌드를 통해, 요즘은 데이터 분석을 통해 새로운 아이디어를 도출합니다.

그럼 여기에서 터보엔진인 AI의 역할은 무엇일까요? 이 부분은 정성적인 부분과 정량적인 부분으로 나누어볼 수 있습니다. 먼저 정성적인 부분을 살펴보면 AI는 창작 과정을 개선하고, 창작자의 부담을 감소시켜줍니다. 그리고 크리에이티브를 제작하는 과정도 단축시켜줍니다. 크리에이티브 영역에서는 특히 기존에 없던 새로운 구상을 해볼 수 있습니다. 새로운 캐릭터, 새로운 키비주얼 등을 만들어서 마케팅에 입히면 소비자들에게는 매우 신선한 캠페인이 될 수 있을 것입니다.

재스퍼(Jasper)는 2021년에 설립된 마케팅 및 문구 자동 생성 AI로, 출시되자마자 7만 명이 사용할 정도로 큰 돌풍을 일으켰습니다. 이 AI는 주로 마케팅, 블로그 게시물, 소셜 미디어 콘텐츠, 이메일 등 다양한 분야에서 문구 자동 생성에 활용됩니다. 자연어처리(Natural Language Processing, NLP) 기술을 기반으로 하여 사용자에게 다양한 스타일과 톤의 문구를 제공하기 때문에 카피라이팅 영역에 큰 혁신을 줄 수 있는 AI입니다. 게다가 SNS용 콘텐츠 생성에 특화된 타입페이스(Typeface)는 사용자가 원하는 스타

자료: 재스퍼 홈페이지

일과 형식에 맞춰 텍스트를 생성할 수 있습니다. 이를 통해 브랜드는 일관성 있는 메시지를 유지하면서도 다양한 콘텐츠를 효율적으로 생산할 수 있습니다. SNS 팀을 별도로 구성하고 있는 회사에는 희소식이 될 수 있고, SNS를 담당하는 마케터에게는 엄청난 위협이 될 수 있는 AI입니다.

그리고 이미지 생성 AI로는 미드저니, 달리3, 어도비 파이어플라이, 스테이블 디퓨전 등이 널리 활용되고 있습니다. 미드저니는 예술적인 이미지와 고해상도 디자인을 생성하는 데 주로 사용되며, 달리3(DALL-E 3)는 텍스트 설명을 기반으로 창의적이고 독특한 이미지를 만들 수 있습니다. 어도비 파이어플라이(Adobe Firefly)는 어도비의 다른 제품들과 통합되어 그래픽 디자인과 비주얼 콘텐츠 생성에 활용됩니다. 스테이블 디퓨전(Stable Diffusion)은 딥러닝 기술을 활용해 다양한 스타일과 주제의 고품

자료: 미드저니 홈페이지

질 이미지를 생성할 수 있습니다. 이러한 AI 기술들은 콘텐츠 생성의 효율성을 크게 높이고, 창의적인 작업을 지원하며, 다양한 산업 분야에서 혁신을 주도하고 있습니다. 특히 마케팅과 디자인 분야에서는 AI를 활용한 자동화와 개인화가 중요한 트렌드로 이미 자리 잡고 있습니다.

위에서 언급한 다양한 AI 도구들을 사용하면서 시간과 비용이 절감되니 생산성은 매우 높아질 것입니다. 하지만 생산성이 높아지는 만큼 인간을 필요로 했던 일자리들이 줄어들 것입니다. 예를 들어보겠습니다. 과거에는 TV 광고를 찍고 편집실에서 편집을 수동으로 했었습니다. 과거에 이런 편집만 전문으로 하는 분들은 빌딩을 모두 갖고 있다고 할 정도로 전문 분야의 업무였었습니다. 그런데 그 편집이라는 것이 사람의 손으로 이루어지는 것이기 때문에 지금보다 정교하지 못했었습니다.

그럼 디지털화가 된 현재는 어떨까요? 편집실에서 즉석에서 A 안과 B 안을 섞어보기도 하고 BGM을 바꿔보기도 합니다. 그런데 AI가 나오고 나서는 어떻게 되었을까요? 제작 자체를, 그리고 편집실에 가지 않아도 AI가 이를 몇 분 만에 뚝딱 해결해줍니다. 사진 촬영의 경우도 마찬가지입니다. 과거에는 시즌 촬영을 하고 A 컷을 고른 다음에 리터칭하는 분들에게 리터치를 의뢰합니다. 사진 장수에 따라, 그리고 리터칭하는 디테일에 따라 다르겠지만 통상 1~2주 정도의 리터칭 시간이 필요합니다.

그런데 지금은 어떤가요? AI로 빠르게 리터칭을 하는 것이 추세가 되고 있습니다. 이렇게 AI를 활용하면 사진 업계도 사람의 노동력이 줄어들게 됩니다. 리터치를 전문으로 하던 분들의 수가 줄어들 수밖에 없을 것입니다. 이런 트렌드를 가장 직접적으로 보여준 예가 실리콘밸리의 대규모 해고 사태인 것 같습니다. 최근 구글에서 대규모 해고를 하면서 미국의 다른 빅테크들도 트렌드처럼 대규모 해고를 하고 있습니다. 앞으로 AI를 본격적으로 활용하게 되면 이 트렌드를 가속화될 수밖에 없습니다.

그러면 정량적인 부분 쪽은 어떻게 될까요? 데이터 분석 쪽도 콘텐츠 영역과 마찬가지 상황입니다. 과거에는 데이터 추출을 위해 SQL을 사용해서 데이터를 뽑고 데이터를 가공해서 원하는 CRM(Customer Relationship Management, 고객 관계 관리) 마케팅을 전개했습니다. 지금은 많이 자동화되어 있는 추세이지만 아직

2023년 주요 기업의 해고 규모

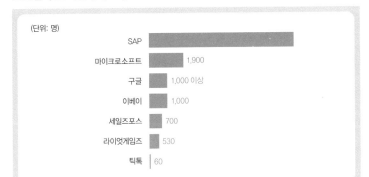

자료: 각 사 취합. 구글은 유튜브 포함

도 여러 가지 이유로 자동화되지 못한 곳들이 생각보다 많이 있습니다. 그래서 퍼포먼스팀에도 CRM 팀에도 생각보다 많은 인원이 일을 하고 있습니다. 그런데 AI가 도입되면 상황은 달라집니다. AI를 통해 데이터를 자동으로 추출하고 필요한 형식으로 가공할 수 있기 때문에 데이터를 추출하는 데 걸리는 시간, 데이터 분석을 위해 데이터를 가동하는 데 걸리는 시간이 싹 줄어듭니다. 또한 자연어 처리 기술을 활용해 정보를 추출하거나, 이미지와 음성 데이터에서 정보를 분석할 수도 있습니다. 또한 AI를 이용하여 데이터를 분석하고 예측 모델을 구축할 수 있습니다. CRM 데이터를 기반으로 고객 이탈 가능성을 예측하거나, 마케팅 캠페인의 성과를 모델링할 수 있습니다. AI를 활용해 정기적으로 보고서를 자동으로 생성하고 시각적으로 정보를 표현할 수도 있습니다.

마지막으로, AI를 이용하여 실시간으로 발생하는 데이터를 분석하고 빠르게 대응할 수 있는 시스템을 구축할 수 있습니다. 지금 열거한 일들은 사실 우리가 엑셀이나 태블로를 통해 수작업으로 하던 일들입니다. 인간의 노동력을 사용해서 하던 일을 앞으로 AI가 대신할 날이 얼마 남지 않았습니다. 사람은 데이터를 읽고 데이터를 분석하고 이에 맞춰 행동을 하면 됩니다. 이렇게 되면 데이터 쪽도 과거보다 사람이 많이 필요하지는 않아지게 되므로 AI를 활용하는 방법에 대한 고민과 동시에 나의 미래 커리어에 대한 고민도 계속해나가야 합니다.

01

AI로 열린
새로운 시장과 비즈니스 기회

AI 기술 혁명의 분기점은 챗GPT 이전과 이후로 나뉩니다. 챗GPT 이전 AI는 '약한 인공지능(Weak AI)'으로 불리는데, 특정 작업이나 좁은 범위의 작업을 수행하도록 설계되고 훈련된 AI 시스템을 의미합니다. 이러한 시스템은 제한된 영역 내에서 작동하며, 프로그래밍된 특정 문제를 해결하는 것 이상의 일반적인 지능이나 이해를 갖고 있지는 않습니다. 시리(Siri)나 알렉사(Alexa) 같은 가상 비서, 넷플릭스나 아마존에서 사용하는 추천 알고리즘, 자율주행차 같은 시스템들이 이에 해당합니다.

이러한 시스템은 매우 전문화되어 있으며 특정 작업에서 뛰어나지만, 관련 없는 작업으로 '지능'을 전이할 수 없습니다. 반면 오픈AI(OpenAI)의 챗GPT, 구글의 제미니(Gemini) 등의 AI는 '강한 인공지능(Strong AI)', '범용 인공지능(General AI)', '생성형 인공지능(Generative AI)'으로 특정 작업만 수행하는 것이 아니라 추론, 문제 해결, 이해, 경험을 통한 학습을 인간과 유사하게 수행할 수 있습니다. 이 시스템은 새로운 상황에 적응하고, 맥락을 이해하며, 창조적 활동을 할 수 있습니다. 제리 카플란(Jerry Kaplan) 교수에 따르면 생성형 AI는 도구를 사용하는 도구인 동시에 '발명할 수 있는 발명품'이라고 언급합니다.

인간의 사고를 뛰어넘는 속도로 생성형 AI가 앞으로 무엇을 발명할지를 전망하는 것은 대단히 난해한 문제이나, 중요한 것은 기술 혁명은 늘 새로운 질서를 재편하는 계기였다는 점에서 마케팅 분야로만 한정한다면 마케팅 전략의 정교화와 효율성을 극대화하는 데 기여하고, 이를 통해 기업들은 경쟁력을 강화하고 새로운 시장을 개척할 수 있게 될 것이란 점입니다. 이제 마케팅 관점에서 AI로 인해 열린 새로운 시장과 비즈니스 기회에 대해 핵심이 되는 주제를 중심으로 자세히 살펴보겠습니다.

초개인화의 시대

기존 마케팅 전략은 소비자 세분화(segmentation)를 통해 그룹별로 맞춤형 메시지를 전달하는 방식이었습니다. 그러나 생성형 AI는 이보다 한 단계 더 나아가 진정한 초개인화 마케팅을 가능하게 합니다. AI는 소비자의 온라인 행동, 과거 구매 이력, 관심사, 위치 정보 등 방대한 데이터를 실시간으로 분석하여 각 개인에게 최적화된 맞춤형 경험을 제공할 수 있습니다. 아마존이나 넷플릭스는 이미 추천 알고리즘을 통해 사용자에게 적합한 제품이나 콘텐츠를 제시하고 있지만, 생성형 AI는 이보다 더 나아가 각 소비자의 감정 상태나 현재 상황을 고려하여 제안을 할 수 있습니다.

만약 패션 플랫폼이 AI 기반으로 최적화된다면 소비자가 현재 위치한 지역의 날씨나 최근 소셜 미디어 활동을 분석하여 그에 맞는 의류를 추천하는 기능을 제공할 수도 있을 것입니다. AI 기반 뷰티 플랫폼은 실시간으로 각 소비자의 기분을 파악해 내 감정을 고려한 향수, 오늘 미팅할 상대방의 기분까지 예측한 뷰티 스타일을 추천하고 새로운 구매를 유도하는 시대가 열릴 것입니다. 이러한 초개인화는 소비자의 만족도를 높이고, 재구매율을 극대화하는 강력한 마케팅 도구가 될 것입니다.

마케팅에 있어 초개인화(Personalization)는 고객 개개인의 취향, 행동, 요구에 맞춤형 콘텐츠와 경험을 제공하는 핵심 전략입니다. 그런데 생성형 AI의 도입 전후로 개인화 전략과 전술에 있어서 중요한 차별점이 발생했습니다. 데이터 처리와 분석의 수준, 콘텐츠 생성의 자동화와 규모, 실시간 개인화 경험, 창의적 접근의 확

생성형 AI 전후로 생기는 변화

	생성형 AI 이전	생성형 AI 이후
1) 데이터 처리와 분석의 수준	• 고객 데이터를 수집하고 분석한 후, 기본적인 세그먼트(예: 인구통계학적 특성, 이전 구매 내역)에 따라 마케팅 메시지를 조정하는 방식이었음. • 이 과정은 주로 마케터의 판단에 의존했으며, 개인화는 비교적 단순한 수준에 머물렀음. • 고객의 구매 이력에 따라 추천 제품을 보여주거나, 이메일 마케팅에서 특정 세그먼트에 맞춘 메시지를 보내는 방식이 일반적임.	• 생성형 AI는 대규모 데이터를 실시간으로 처리하고 분석할 수 있어, 보다 정교하고 개인화된 콘텐츠를 생성 가능함. • AI는 단순히 과거 데이터를 분석하는 것에 그치지 않고, 고객의 실시간 행동과 맥락을 분석하여 맞춤형 콘텐츠를 즉시 생성하고 제공할 수 있음. • AI는 특정 고객이 현재 어떤 웹사이트를 탐색하고 있는지, 어떤 제품에 관심을 보이는지를 파악하여 그에 맞춘 실시간 추천이나 맞춤형 광고를 생성할 수 있음.
2) 콘텐츠 생성의 자동화와 규모	• 개인화된 콘텐츠 생성은 주로 마케팅 팀원의 개별적인 수작업으로 이루어졌음. • 이는 시간과 인력이 많이 소모되는 과정이었으며, 대규모로 확장하는 데 한계가 있었음. • 맞춤형 이메일, 추천 메시지, 광고 배너 등을 제작하는 데 있어서도 한정된 자원을 효율적으로 배분해야 했음. • 대규모 캠페인에서 개인화의 범위는 제한적일 수밖에 없었고, 동일한 콘텐츠를 여러 고객에게 일괄적으로 제공하는 경우가 많았음.	• 생성형 AI는 대규모로 개인화된 콘텐츠를 자동으로 생성할 수 있음. AI는 고객 개인에게 최적화된 메시지, 이미지, 광고, 동영상을 실시간으로 생성하여 제공할 수 있으며, 이 과정에서 인적자원의 개입은 최소화됨. • AI는 수백만 명의 고객 각각에게 개인화된 광고 카피나 이미지 조합을 생성하고, 이를 기반으로 실시간 광고 캠페인을 운영할 수 있음.
3) 실시간 개인화 경험	• 개인화된 경험은 주로 이전의 행동이나 과거 데이터를 기반으로 이루어졌음. 고객의 행동 패턴을 분석한 후, 그에 맞는 콘텐츠를 제공하는 데 시간이 소요되었음.	• 생성형 AI는 실시간으로 고객의 행동과 맥락을 분석하고, 즉각적으로 개인화된 콘텐츠를 생성하여 제공할 수 있음. 이는 고객이 현재 어떤 상황에 있는지를 기반으로 실시간으로 반응할 수 있게 해줌.

	• 이는 대부분의 개인화가 일회적이거나 일정한 주기로 업데이트되는 형태로 이루어졌음을 의미함. • 고객이 특정 제품을 구매한 후 몇 주가 지나면 관련 제품의 추천 이메일이 발송되거나, 웹사이트 방문 시 이전 탐색 기록을 기반으로 한 추천이 제공되었음.	• 고객이 쇼핑몰에서 특정 제품을 탐색하는 동안 AI가 그와 연관된 다른 제품을 추천하거나, 웹사이트의 배너를 실시간으로 변경해 더 매력적인 제안을 보여줄 수 있음.
4) 창의적 접근의 확장	• 개인화된 콘텐츠를 창의적으로 제작하는 것은 주로 마케터와 크리에이티브 팀의 몫이었음. 이 과정에서는 기존의 틀과 경험에 의존하는 경우가 많았으며, 창의적인 아이디어를 실제 마케팅 캠페인에 적용하는 데 오랜 시간이 걸렸음. • 대규모 개인화를 위해서는 창의적인 콘텐츠를 여러 버전으로 제작해야 했는데, 이는 시간과 비용 측면에서 큰 부담이 될 수 있었음.	• 생성형 AI는 창의적인 콘텐츠를 대규모로, 그리고 빠르게 생성할 수 있음. 이는 새로운 아이디어를 빠르게 실험하고, 다양한 버전의 콘텐츠를 생성하여 각기 다른 고객에게 맞춤형으로 제공됨. • AI는 하나의 제품에 대해 다양한 스타일의 광고 카피를 생성하고, 이를 고객의 성향에 따라 자동으로 분배할 수 있음. 창의적 접근이 훨씬 더 유연해지고, 빠르게 적용될 수 있음.
5) 고객 여정 전체에서의 개인화	• 고객 여정의 특정 단계에서만 개인화가 이루어지는 경우가 많았음. • 구매 전 단계에서 제품 추천이나 맞춤형 메시지가 제공되었으며, 구매 후 단계에서는 개인화가 상대적으로 덜 이루어졌음. • 마케팅 채널 간의 데이터 통합이 어려워, 고객의 전체 여정을 일관되게 개인화하는 데 한계가 있었음.	• 생성형 AI는 고객 여정의 모든 단계에서 일관된 개인화를 제공할 수 있음. AI는 여러 채널의 데이터를 통합하여 고객의 전체 여정을 분석하고, 모든 접점에서 일관된 개인화된 경험을 제공할 수 있음. • 고객이 웹사이트에서 탐색한 제품 정보를 기반으로, 이메일 마케팅, 소셜 미디어 광고, 앱 푸시 알림 등에서 모두 맞춤형 메시지를 제공할 수 있으며, 이는 고객의 경험을 더욱 매끄럽고 개인화된 것으로 만들 수 있음.

장, 그리고 고객 여정(Customer Journey) 전체에서의 개인화 측면 등에서 괄목할 만한 발전 가능성이 기대되고 있습니다. 이로 인해 마케팅 캠페인은 더욱 정교하고, 고객 중심적이며, 효과적인 방향으로 진화하고 있습니다. 개인화와 관련한 마케팅 전략상 생성형 AI 전후로 파생되는 세부적인 변화를 위와 같이 표로 정리해봤습니다.

넷플릭스는 AI 기반 추천 시스템을 넘어 초개인화된 콘텐츠 추천을 더욱 발전시켰습니다. 2023년, 넷플릭스는 사용자의 콘텐츠 소비 패턴을 분석해 각 순간에 가장 적합한 콘텐츠를 추천하는 기능을 강화했습니다. 예를 들어 사용자가 스트레스를 많이 받는 시간대에 접속하면 긴장을 풀어줄 수 있는 코미디 영화나 짧은 힐링 영상을 추천하는 방식입니다. 이는 단순한 데이터 기반 추천을 넘어 사용자 취향에 기반한 맞춤형 경험을 제공하는 것입니다.

생성형 AI를 활용한 마케팅 전략의 초개인화는 우리가 흔히 접하는 넷플릭스의 추천 시스템에서도 확인할 수 있습니다. 사용자가 어떤 콘텐츠를 시청 중인지, 언제 시청을 멈췄는지, 그리고 중단 후 다시 시청을 시작할 때의 맥락 등을 실시간으로 분석하여 다음에 시청할 콘텐츠를 즉각적으로 추천합니다. 또한 넷플릭스는 개별 사용자마다 맞춤형 섬네일을 제공합니다. 같은 콘텐츠라도 사용자마다 서로 다른 섬네일이 보이게 설정되며, 이는 해당 콘텐츠 클릭 가능성을 높이기 위한 전략입니다. 예를 들어 특정 사용자가 특정 배우를 좋아한다고 분석되면 그 배우가 등장하는 장면을 섬네일로 보여줍니다.

마케팅과의 융합을 통해 넷플릭스는 개인화된 홍보 콘텐츠도 생성합니다. 예를 들어 생성형 AI를 활용해 특정 사용자가 주로 로맨스 영화를 시청한다면, 그 사용자가 관심을 가질 만한 최신 로맨스 영화 업데이트를 홍보하는 이메일이 자동으로 생성됩니다. 이 이메일은 단순한 텍스트 추천에 그치지 않고, 맞춤형 그래픽과 트레일러로 구성되어 사용자의 관심을 끌고 클릭률을 높이는 데 기여합니다. 이와 유사한 방식으로, 넷플릭스는 소셜 미디어 광고도 개인화하고 있습니다. 페이스북이나 인스타그램에서 노출되는

넷플릭스의 개인별 홍보 이메일

자료: 넷플릭스

넷플릭스 추천 시스템의 구체적인 사례

추천 시스템	주요 내용 정리
반복 학습 (Reinforcement Learning)	• 넷플릭스는 반복 학습 알고리즘을 사용하여 사용자의 피드백에 실시간으로 반응하는 추천 시스템을 개발함. • 이 알고리즘은 사용자가 특정 콘텐츠를 시청한 후의 행동(예: 시청 후의 평가, 다음 콘텐츠 선택)을 분석하여 추천 알고리즘을 지속적으로 개선) • 이를 통해 추천의 정확도와 사용자 만족도를 높이고 있음.
페이지 순위 최적화 (Page Rank Optimization)	• 넷플릭스는 사용자가 첫 페이지에서 보게 되는 콘텐츠를 최적화하기 위해 페이지 순위 최적화 알고리즘을 사용함. • 이 알고리즘은 사용자의 과거 행동과 실시간 데이터를 바탕으로, 가장 높은 참여를 이끌어낼 콘텐츠를 상단에 배치함. • 생성형 AI는 이러한 작업을 실시간으로 처리하여 사용자에게 최적의 콘텐츠를 제공할 수 있게 기여함.

광고는 사용자마다 다른 비디오나 이미지로 구성되며, 이는 사용자로 하여금 소셜 미디어 상에서 넷플릭스 콘텐츠에 더 많은 관심을 갖게 만듭니다. 이러한 맞춤형 광고 전략은 궁극적으로 가입자 증가와 시청 시간 증대에 기여합니다.

넷플릭스 추천 시스템과 유사한 방식은 국내 스트리밍 서비스에도 그대로 적용할 수 있습니다. 최근 KT 동영상 광고 중 〈TV 취향이 다른 부부의 티키타카〉 편을 보면 KT 지니TV의 AI 큐레이션을 통해 복잡하고 개별적인 다른 개성의 부부를 취향을 다각도로 고려하면서 최적의 콘텐츠를 추천하는 것을 볼 수 있습니다.

기존의 일괄적인 마케팅 방식에서 벗어나, 개별 소비자의 요구와 효용을 극대화하는 맞춤형 마케팅을 위해 생성형 AI는 기존 시

자료: KT

스템과의 협업 및 결합을 통해 진화하고 있습니다. 이를 통해 고객 인사이트를 생성하고 이를 효과적으로 활용하는 사례 중 하나로 세일즈포스(Salesforce)의 아인슈타인 GPT(Einstein GPT)를 들 수 있습니다. 아인슈타인 GPT는 세일즈포스의 독자적인 AI 모델과 오픈AI의 GPT 모델을 결합하여 세일즈포스 클라우드에 저장된 데이터를 기반으로 모델을 미세 조정할 수 있게 설계되었습니다.

이 도구는 세일즈포스의 커스터머 360(Customer 360) CRM 플랫폼과 통합되어 있고, 내부용 소프트웨어들과도 쉽게 연동됩니다. 이러한 통합은 기업들이 생성형 AI를 보다 쉽게 채택하도록 돕습니다. 커스터머 360은 잠재고객 연구를 수행하고 고객에 대한 종합적인 개요를 제공합니다. 또한 새로운 사이드 패널인 아인스타인 어시스턴트(Einstein Assistant)는 화면에 나타나 텍스트 형식으로 잠재고객 회사의 개요를 제공합니다. 이 도우미는 회사 관련 뉴스 기사도 검색하며, 고객이 과거에 구매한 특정 제품에 대한 정보를 빠르게 제공할 수 있습니다. 이러한 인사이트는 개인화된 추천을 제공하는 데 매우 유용하게 활용됩니다.

이렇게 소비자 경험의 혁신에서 가장 중요한 요소는 초개인화(Personalization)입니다. 특히 고객 관계의 수명 주기별로 단계마다 소비자의 필요가 달라지기 때문에 기업은 이를 적절히 반영하여 고객 맞춤형 서비스를 제공해야 합니다. 생성형 AI 도구는 이와 같은 초개인화된 경험을 가능하게 하는 핵심 기술입니다. 예를 들어 챗GPT와 같은 시스템은 사용자의 상호작용을 통해 지속적으로 학습하고 적응하며, 시간이 지남에 따라 더 정교한 맞춤형 추천을 제공할 수 있습니다. 이러한 과정은 피드백과 개선의 선순환을 만들어내며 점점 더 정확한 제안을 가능하게 합니다.

생성형 AI가 소비자 경험을 혁신한 사례로는 세계 최대의 커플 매칭 앱 틴더(Tinder)를 들 수 있습니다. 틴더는 매칭 성공률을 높이기 위해 AI 기반 프로필 사진 선택 서비스를 도입했습니다. 이 AI는 사용자들이 올린 다양한 프로필 사진을 분석하고, 매칭률이 높은 사진을 선택하도록 돕습니다. 틴더의 최고경영자(CEO) 파예 이오소탈루노(Faye Iosotaluno)는 "AI가 온라인 데이트에서 가장 어려운 부분 중 하나를 해결해주는 것에 기쁘다"고 언급했으며, 틴더의 모회사 매치그룹은 AI에 대한 적극적인 투자를 이어가고

자료: 틴더

있습니다.

마케팅 및 AI 전문가들은 초개인화 마케팅이 앞으로도 더 정교해질 것으로 전망하고 있습니다. AI 연구자인 앤드류 응 (Andrew Ng) 교수는 "AI는 단순히 데이터를 처리하는 것을 넘어, 인간의 미묘한 감정과 의도를 이해할 수 있는 수준까지 발전할 것"이라고 예측했습니다. 이는 마케팅의 본질을 다시 돌아보게 하는 발언입니다. 기존의 마케팅이 제품이나 서비스를 고객에게 적합하게 전달하는 것이었다면, 앞으로는 고객의 감정을 실시간으로 읽고 반응하는 '감정 중심의 마케팅'으로 진화할 가능성이 큽니다.

앞서 삼성생명의 생성형 AI를 통한 광고 제작에서 '보험'에 대한 소비자들이 느끼는 본질로 돌아가서, 그 부정적 인식을 바꾸기 위한 광고 캠페인을 도출한 것은 좋은 예입니다. 또한 컨설팅 회사 맥킨지(McKinsey)는 2023년 보고서에서 "기업들이 초개인화를 통해 얻을 수 있는 수익 증가율은 15~25%에 이를 것"이라고 전망했습니다. 이들은 초개인화를 구현하는 기업이 그렇지 않은 기업에 비해 훨씬 높은 고객 충성도와 브랜드 인지도를 갖게 될 것이라고 강조합니다. 특히 고객 여정의 모든 단계를 AI가 맞춤형으로 구성해주는 것은 고객 경험의 극대화로 이어질 것이며, 이것이 경쟁력을 결정짓는 주요 요소가 될 것이라고 분석하고 있습니다. 생성형 AI를 통한 초개인화 마케팅 역량을 극대화하는 것은 선택이 아니라 필수라는 것을 알 수 있습니다.

콘텐츠 제작의 자동화와 확장

마케팅에 있어서 "고객은 이미지를 산다"라는 표현을 들어보셨을 겁니다. 고객은 단순히 제품이나 서비스의 기능적 측면을 구매하는 것이 아니라, 그 제품이나 서비스가 상징하는 이미지, 감성 등 보이지는 않지만 뭔가 소중한 가치를 구매한다는 의미를 담고 있습니다. 이렇게 마케팅에서 이야기, 이미지, 상징 등 무형 콘텐츠가 중요한 이유는 여러 가지가 있지만, 가장 핵심적인 이유는 소비자의 감정과 기억에 강력하게 작용하기 때문입니다.

이러한 무형 콘텐츠는 브랜드와 소비자 간의 정서적 연결을 강화하고, 단순한 제품이나 서비스의 특성에서 벗어나 브랜드 자체를 차별화하는 데 중요한 역할을 합니다. 그런데 이야기, 이미지,

상징 등의 무형 콘텐츠를 직접 제작하거나 간접적으로 돕는 생성형 AI가 출현했으니 마케터와 광의의 마케터인 크리에이터들에게는 새로운 기회의 문이 활짝 열린 것입니다. 과거에는 콘텐츠 제작이 시간과 비용이 많이 드는 작업이었으나, 생성형 AI가 도입되면서 이 과정이 이젠 자동화되고 확장 가능성이 극대화된 것입니다. 오픈AI의 GPT-4를 비롯한 다양한 AI 도구들은 대규모의 텍스트 데이터를 분석하여 새로운 글을 생성하거나 기존 텍스트를 수정, 보완할 수 있는 능력을 보유하고 있습니다. 이로 인해 블로그 글, 마케팅 카피, 소셜 미디어 포스트 등 다양한 형태의 콘텐츠가 자동으로 생성되며, 이는 마케팅 전략의 효율성을 대단히 높아질 것으로 기대할 수 있습니다.

대표적인 사례로 코카콜라는 2023년에 달리와 챗GPT를 활용한 '크리에이티브 리얼 매직(Create Real Magic)' 캠페인을 통해 AI 기반의 콘텐츠 제작을 새로운 차원으로 끌어올렸습니다. 이 캠페인에서 달리와 같은 AI 기반 이미지 생성 도구를 통해 소비자들이 자신만의 코카콜라 이미지를 만들고, 이를 공유할 수 있게 함으로써 브랜드와의 연결성을 강화하고, 참여를 증대했습니다. 캠페인의 주요 성공 요소는 소비자가 코카콜라의 브랜드 자산을 활용해 직접 콘텐츠를 생성하고, 소셜 미디어에서 공유하며 상호작용을 높인 점입니다. 뉴욕의 타임스퀘어나 런던의 피카딜리 서커스와 같은 주요 장소에 소비자가 만든 작품이 디지털 빌보드에 전시되면서 큰 화제가 되었고, 전 세계 40개 이상의 시장에서 확장되어 진행되었으며, AI 플랫폼을 통해 모든 소비자가 창의적인 작업에 참여할 수 있도록 하여 브랜드 호감도를 높였습니다. 이렇게 AI가 생성한 콘텐츠는 빠르게 대규모로 확장 가능하며, 전통적인 광고 제작비용을 크게 줄여줄 수 있는 장점을 잘 보여준 것입니다. 즉 AI를 활용해 새로운 비주얼 캠페인을 손쉽게 생산하고, 이를 디지털 채널에서 유통함으로써 새로운 홍보 콘텐츠 시장을 창출한 것으로 평가됩니다.

여기서 한 단계 더 진화한다고 가정하면, 생성형 AI를 통해 소비자들이 직접 예술 작품을 만들고, 이를 NFT로 발행하여 판매할 수 있게 하면 소비자의 참여를 크게 촉진할 수 있습니다. 만약 달리와 챗GPT를 활용한 코카콜라의 '크리에이트 리얼 매직' 캠페인에서 소비자들이 자신만의 브랜드 관련 이미지를 생성하고,

자료: 코카콜라 홈페이지[3]

이를 NFT로 변환해 판매하도록 지원하고, 발행된 NFT의 가격 저하를 제어하는 역할까지 한다면 더욱 브랜드와 소비자 간의 상호작용을 강화하며, 자연스러운 브랜드 노출과 바이럴 마케팅 효과를 극대화시킬 수 있습니다. NFT의 핵심 특징 중 하나는 희소성이므로 생성형 AI로 만든 콘텐츠를 한정판으로 발행하여 해당 NFT가 소장 가치가 높은 자산임을 강조할 수 있습니다. 이는 브랜드가 한정된 수량의 특별 에디션을 출시하는 것과 유사하며, 소비자들에게 더 큰 소유욕을 자극할 수 있습니다. 그리고 패션 브랜드는 AI를 사용해 특별한 디자인의 한정판 NFT 의류나 액세서리를 발행하고, 이를 구매한 소비자들에게 추가적인 혜택을 제공할 수 있습니다.

NFT의 활용 사례로 신세계백화점의 푸빌라 NFT 프로젝트는 신세계의 대표 캐릭터인 '푸빌라'를 기반으로, 2022년 6월 1만 개의 NFT를 발행해 1초 만에 완판한 바 있습니다. 푸빌라 NFT는 PFP(프로필용 이미지) 형태로 발행되었으며, 소유자에게 신세계 백화점에서의 다양한 혜택을 제공했습니다. 그런데 만약 푸빌라 NFT 생성 과정에 생성형 AI를 통해 소비자들의 다양한 이미지 생성과 이를 마치 오디션이나 옥션 형태까지 발전시킨다면 NFT에 친숙한 MZ세대의 충성도를 높이고, 디지털 트렌드를 선도하는 이미지를 구축할 수 있을 것입니다. 물론 현재도 푸빌라 유니버스 내 '팬아트'라는 코너에서는 커뮤니티 구성원들이 직접 창작한 콘

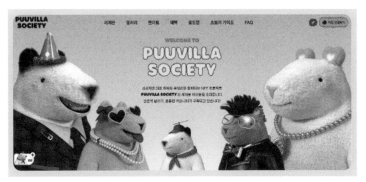

자료: 푸빌라 소사이어티 홈페이지

텐츠를 즐길 수는 있습니다.

　생성형 AI의 가장 큰 강점 중 하나는 콘텐츠의 자동화된 맞춤형 생성입니다. 기업 입장에서 AI를 통해 개인화된 콘텐츠를 대규모로 빠르고 효율적으로 생성할 수 있게 되었는데, 특히 패션 브랜드들은 소비자 데이터를 분석하여 AI가 자동으로 스타일링 추천 글을 생성하며, 소비자에게 맞춤형 콘텐츠를 제공하는 서비스를 속속 내놓고 있습니다. 대표적으로 H&M은 AI 기반 스타일링 서비스를 'Sorted by H&M'이라는 앱을 통해 제공합니다.

　이 앱은 소비자의 신체 유형, 개인 스타일, 선호 색상, 그리고 패션 트렌드를 기반으로 개인 맞춤형 스타일 추천을 제공합니다. 머신러닝 알고리즘과 함께 인간 스타일리스트가 함께 협력하여 소비자에게 최적화된 추천을 제공하는 것이 이 앱의 특징입니다. 일단 소비자는 자신의 신체적 특징과 스타일 선호도에 대한 정보를 입력합니다. 이 과정에서 피드백 기능을 사용해, 소비자가 추천된 아이템을 '좋아요' 또는 '싫어요'로 평가하여 알고리즘이 더욱 정교한 추천을 할 수 있도록 도와줍니다. 수집된 데이터를 바탕으로 개개인에게 맞춘 스타일 제안을 합니다. 추천된 제품은 사용자에게 맞는 색상 조합과 스타일링 팁을 제공하며, '직장 면접에서 입을 옷' 등 특정 상황에 맞는 제안도 포함됩니다. 그리고 고객이 앱을 통해 추천받은 상품을 구매하거나, 특정 조건을 만족할 경우 H&M은 15% 할인 등의 혜택을 제공해 초기 앱 사용을 촉진하게 됩니다.

이렇게 콘텐츠 제작의 자동화에 대한 전문가들의 전망도 매우 긍정적입니다. IT 트렌드 연구기관인 가트너는 "2025년까지 마

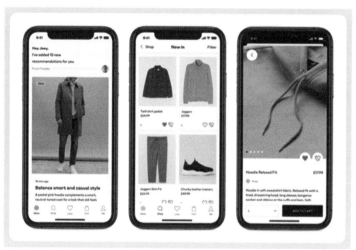

자료: H&M

케팅 콘텐츠의 30% 이상이 AI에 의해 자동으로 생성될 것"이라는 전망을 내놓았습니다. 이는 AI가 파편적인 자동화 도구에서 벗어나 마케팅 전략의 필수적인 요소로 자리 잡을 것임을 시사합니다. 향후 AI는 단순히 텍스트나 이미지 생성에 그치지 않고, 실시간으로 콘텐츠를 제작하고 수정하는 능력을 갖추게 될 것입니다. 예를 들어 마케팅 캠페인 중간에 발생하는 변수나 소비자의 즉각적인 피드백을 기반으로 콘텐츠가 실시간으로 변경될 수 있는 시스템이 도입될 것입니다. 만약 우리가 신제품 출시 캠페인을 진행한다고 가정하면 AI는 이 캠페인의 주요 메시지를 소셜 미디어 플랫폼에 맞게 자동으로 생성하고, 소비자들이 특정 콘텐츠에 어떻게 반응하는지 실시간으로 분석하게 됩니다. 소비자 반응이 기대에 못 미친다면 AI는 즉각적으로 새로운 메시지나 이미지를 생성하여 마케팅 전략을 수정합니다. 이는 단순한 예측 마케팅을 넘어 실시간으로 고객의 반응을 반영하는 '초맞춤형 마케팅'을 가능하게 할 것입니다.

또한 생성형 AI는 소비자의 행동 데이터를 지속적으로 학습하면서 더 나은 콘텐츠를 제작할 수 있는 창의적 동반자가 될 것입니다. 가까운 미래, 마케팅 부서에서는 콘텐츠 디자이너와 AI가 협업하여 단순 반복 작업을 AI가 처리하고, 인간은 더 높은 차원의 창의적인 기획과 전략에 집중하게 될 것입니다. AI는 실시간으로 데이터를 분석하고, 그에 맞는 시각적·텍스트적 콘텐츠를 즉시 생성할 수 있는 도구로 자리 잡게 될 것입니다. 그리고 궁극적으로 메타버스와의 결합을 통해 AI가 소비자에게 가상현실(Virtual Reality, VR) 속에서 실시간으로 맞춤형 콘텐츠를 생성해주는 경험을 제공할 가능성도 큽니다. 예를 들어 사용자가 특정 브랜드의 가상 쇼룸에 들어가면 AI가 실시간으로 사용자의 취향에 맞는 제품 설명 영상이나 가상 아바타를 통해 개인화된 서비스를 제공받게 됩니다. 이 과정에서 콘텐츠는 AI에 의해 자동으로 생성되고, 사용자는 자신의 취향에 맞는 경험을 실시간으로 즐길 수 있습니다.

나이키의 나이키랜드(Nikeland)는 로블록스라는 메타버스 플랫폼에서 구축된 가상공간으로, 사용자가 나이키의 제품을 체험하고 다양한 스포츠 활동을 가상 환경에서 즐길 수 있는 경험을 제공합니다. 이 공간에서는 나이키 제품을 착용한 아바타들이 축구, 농구 등 여러 스포츠 활동에 참여하며, 사용자가 직접 상호작용할 수 있는 다양한 이벤트와 게임들이 준비되어 있습니다. 만약 생성형 AI를 나이키랜드에 더 적극적으로 활용한다면 사용자 아바타의 의상이나 액세서리를 맞춤형으로 디자인하고, 가상 세계에서 즉시 적용될 수 있는 디지털 아이템을 자동으로 제작하고 이 중에서 독특한 개성인 큰 아이템은 아예 NFT로 발행할 수도 있습니다.

이를 통해 사용자는 자신만의 독특한 나이키 의상을 아바타

로블록스의 나이키랜드

자료: 나이키 홈페이지[4]

에 입히고, 실시간으로 변화하는 디지털 공간에서 다양한 활동을 즐길 수 있습니다. 예를 들어 특정 이벤트나 챌린지에서 승리하면 AI가 자동으로 새로운 아이템을 제안하거나, 나이키의 최신 제품을 가상공간에서 직접 착용해볼 수 있는 기회를 제공받을 수 있게 될 것입니다. 그리고 AI는 실제 상품과 연계된 디지털 콘텐츠를 생성해 현실 세계에서의 구매로 자연스럽게 이어지도록 유도합니다. 메타버스에서 착용한 나이키 운동화를 실제로 구매하는 시스템도 도입되어 가상과 현실을 연결하는 통합된 사용자 경험을 제공할 수 있습니다. 물론 이렇게까지 되려면 메타버스 플랫폼의 이용자 수가 현재보다는 더 의미 있게 확장되고, NFT의 활성화 역시 필요할 것입니다.

AI 가상 인플루언서: 마케팅의 미래를 열다

AI 가상 인플루언서는 마케팅 분야에서 급격히 성장하고 있는 새로운 트렌드로, 브랜드와 소비자가 상호작용하는 방식에 새로운 국면을 가져올 것으로 예상합니다. 가상 인플루언서란 AI 기술을 기반으로 창조된 디지털 캐릭터로, 소셜 미디어를 통해 인간처럼 활동하며 브랜드 홍보와 소비자와의 소통을 담당합니다. 가상 인플루언서의 매력은 단순히 외형적 디지털 캐릭터에 그치지 않고, 실시간으로 고객과 소통하며 브랜드 메시지를 전달하는 데 있습니다.

가상 인플루언서 중 가장 유명한 사례는 브러드(Brud)라는 LA에 기반을 둔 스타트업에 의해 개발된 '릴 미켈라(Lil Miquela)'입니다. 2016년에 등장한 릴 미켈라는 LA에 사는 21세 여성으로 라틴계와 브라질계 혼혈로 설정되었으며 패션과 음악을 주제로 활동합니다. 미켈라는 인스타그램 팔로워 254만 명, 유튜브 구독자 27만 명을 자랑하는 인플루언서로, 프라다, 캘빈클라인, 그리고 우리와 가깝게는 삼성전자의 갤럭시S10 등의 여러 유명 브랜드와 협업하며, 실제 인플루언서처럼 다양한 캠페인에 참여하고 마케팅 트렌드를 이끌어나갔습니다. 미켈라가 성공할 수 있었던 이유는 개성 넘치는 외모와 스타일, 그리고 AI로 고도화된 소통 능력 덕분이었습니다. 가상 인플루언서는 인간처럼 감정과 생각을 표

릴 미켈라의 활동 모습

자료:SupercarBlondie[5]

현하는 방식으로 소셜 미디어에서 팔로워와 지속적으로 상호작용할 수 있으며, 이는 브랜드의 캠페인을 감성적으로 연결하는 데매우 효과적입니다.

동양권의 AI 인플루언서로는 2018년 일본의 모델링카페(ModelingCafe)에서 3D 그래픽 기술을 바탕으로 개발된 '이마(Imma)'가 있습니다. 이마는 피부, 머리카락, 표정 등 인간처럼 세밀하게 표현된 매우 현실적인 외모와 상호작용 능력을 갖추고 있으며, 소셜 미디어를 통해 팬들과 활발히 소통하고 있습니다. 주로인스타그램을 중심으로 활동하는 이마는 패션과 예술 분야에서다양한 브랜드와 협업하며 전통적인 인플루언서의 경계를 허물고있습니다. 이마는 여러 글로벌 브랜드와의 협업을 통해 마케팅 캠페인에서 두각을 나타냈습니다. 캘빈클라인(Calvin Klein) 캠페인

2019년 갤럭시S10, 팀 갤럭시 캠페인 당시 릴 미켈라(중앙)의 활동 모습

자료: 자료: 연합뉴스[6]

에서는 현실 모델들과 함께 디지털 요소를 결합한 새로운 분위기를 제시했습니다. 또한 보그 재팬(Vogue Japan)의 특집 화보에도 등장하여 가상 인플루언서가 전통 패션 미디어에 진출하는 사례를 만들었습니다. 로레알(L'Oréal)의 일본 캠페인에서도 이마는 뷰티 제품을 홍보하며 기술과 아름다움의 결합을 보여주는 미래지향적인 캠페인에 참여했습니다.

이마는 인스타그램에서 39만 명의 팔로워를 보유하고 있으며, 팔로워들과 정기적으로 소통하면서 패션 스타일과 브랜드 제품을 추천하는 등 강력한 영향력을 발휘합니다. AI 인플루언서로서 이마는 브랜드 인지도 향상에 기여하며, 위험 관리 측면에서도 안정적인 마케팅 도구로 활용됩니다. 또한 이마는 촬영과 유지 비용이 필요하지 않아 비용 효율성이 뛰어나며, 다양한 캠페인에서 재

자료: TECHEBLOG[7]

활용이 가능해 장기적 협업에 유리합니다. 다만 이마는 AI 기반의 완전 자동화된 인플루언서라기보다는 3D 모델로 제작된 캐릭터로 완전히 자율적으로 생성형 AI에 의해 활동하는 것이 아니라 인간이 조작하고 관리하는 디지털 캐릭터입니다. 이마는 AI가 스스로 콘텐츠를 생성하는 형태가 아니라 사람이 계획하고 제작하는 방식으로 운영됩니다.

생성형 AI 시대가 활짝 도래했음에도 앞서 언급한 릴 미켈라와 이마를 능가하는 AI 인플루언서는 아직까지는 등장하지 않았습니다. 그러나 생성형 AI 기술이 발전할수록 더욱 정교하게 고객과의 맞춤형 상호작용과 콘텐츠 생성, 자연스러운 대화가 가능한 AI 인플루언서들이 등장할 것이며, 이들은 각종 브랜드와 협력하여 마케팅 캠페인을 진행할 것입니다. 무엇보다도 생성형 AI가 삽입된 인플루언서는 실시간 커뮤니케이션이 가능하다는 점에서 24시간 내내 라이브 방송으로 고객과 소통할 수도 있고, 인간 인플루언서보다 다양한 언어로 고객과 대화할 수 있는 장점도 있습니다. 이는 글로벌 시장 진출에서 특히 강력한 도구로 작용할수 있습니다. 예를 들어 AI 인플루언서가 중국, 미국, 유럽 시장에서 각기 다른 언어로 동일한 메시지를 전달함으로써 브랜드의 글로벌 확장을 가속화할 수 있습니다. 여기에 고객 데이터 분석 능력까지 활용된다면 사용자의 소셜 미디어 상의 행동 데이터를 분석하고, 이를 바탕으로 각 개인에게 맞춤형 콘텐츠를 제공할 수 있습니다.

미래의 AI 인플루언서는 나만을 위한 라이브 방송을 실시간으로 하면서 내가 선호하는 제품을 실시간으로 추천하고, 이를 통해 자연스럽게 브랜드와 고객 간의 친밀도를 높이는 데 기여할 수 있습니다. 전문가들은 AI 가상 인플루언서가 향후 마케팅의 핵심 요소로 자리 잡을 것이라고 전망합니다. 마케팅 기술 분석 회사 이마케터(eMarketer)는 "2025년까지 가상 인플루언서가 전체 인플루언서 마케팅 시장에서 차지하는 비중이 15%를 넘을 것"이라고 예측하고 있습니다. 이는 브랜드가 비용 효율성을 높이고, 위험 관리 측면에서도 인간 인플루언서보다 AI 인플루언서를 선호하게 될 것이라는 의미입니다. AI는 스캔들이나 이미지 관리 문제로부터 자유로우며, 일관된 메시지 전달이 가능하다는 점에서 장기적인 마케팅 도구로 활용될 수 있습니다. 인플루언서와의 평균 협업 비용이 유튜브 791달러, 틱톡 460달러, 인스타그램 363달러 등이고 성공한 인플루언서들의 경우 초일류 브랜드와의 전사적인 협업을 감안하면 성공적으로 만들어진 AI 인플루언서가 창출할 수 있는 가치는 상당할 것으로 추정합니다.

우리나라의 경우 AI(버추얼) 아이돌이 기존 아이돌과 가요 프로 탑 순위에서 격돌하면서 자웅을 겨룰 만큼 최근 눈에 띄는 성장세를 보이고 있습니다. 블래스트에서 기획해 얼마 전 데뷔 1주년을 맞이한 5인조 버추얼 아이돌 '플레이브(PLAVE)'는 앨범 《ASTERUM : 134-1》의 타이틀곡 〈WAY 4 LUV〉로 MBC M 〈쇼챔피언〉과 MBC 〈쇼! 음악중심〉 두 방송에서 당당히 정상에 올랐는데, 놀랍게도 당시 활동 중인 르세라핌, 비비 등의 쟁쟁한 아티스트를 넘어선 것이기도 했습니다. 플레이브, 그리고 인터넷 방송인 '우왁굳'이 기획한 6인조 걸그룹 '이세계아이돌'과 같은 AI 아이돌의 성공은 3D 애니메이션과 음성 합성 기술을 통해 현실적인 퍼포먼스와 감정 표현이 가능해진 덕분입니다. 이들의 기술적 기반은 AI와 메타버스 플랫폼을 활용해 팬들과 실시간으로 소통할 수 있는 맞춤형 경험을 제공하는 데 중점을 두고 있습니다. 넓은

플레이브의 포토월 사진

자료: 오마이뉴스[8]

의미의 인플루언서에는 유명 아티스트까지 포괄한다고 가정하면 이는 분명 한국형 AI 인플루언서의 본격화라고도 해석할 수 있습니다. 또한 생성형 AI는 팬들의 데이터를 실시간으로 분석해 맞춤형 경험을 제공하며 팬들과의 소통을 극대화하는 역할을 할 수 있고, 이는 AI 아이돌의 여러 분야에서 팬덤의 확장 가능성을 높여줄 것입니다.

'마케터=인플루언서'라고 마케터를 보다 폭넓게 정의한다면, 생성형 AI로 인한 인플루언서 혹은 예비 인플루언서 콘텐츠의 양적 증가는 이미 뚜렷합니다. 2023년 3분기 실적 발표(2023년 10월)에서 알파벳 경영진은 유튜브의 일간 활성 사용자 수(Daily Active Users, DAU) 개선 및 수익성 개선의 주요 이유 중 하나로 생성형

AI를 언급했습니다. AI 기술이 유튜브에서 창작자들이 더 쉽게 콘텐츠를 제작하고 사용자에게 더욱 맞춤화된 경험을 제공하는 데 기여하고 있으며, 이를 통해 유튜브의 사용자가 늘어나고 있다고 평가했습니다. 예를 들어 유튜브의 '쇼츠(Shorts)' 기능은 틱톡과 경쟁하면서 AI 도구를 활용해 사용자가 더 많은 짧은 영상을 쉽게 제작하고, 이를 통해 20억 명의 로그인 사용자 수를 달성했다고 합니다. 이러한 AI 기반의 기능 강화가 사용자 참여를 촉진하고 광고 수익 증가로 이어지고 있다고 설명합니다. 그런데 여기에 앞서 언급한 AI 인플루언서까지 본격적으로 가세한다면 생성형 AI는 단순한 콘텐츠를 만드는 하나의 도구에서 벗어나 그 자체가 콘텐츠이자 브랜드가 되는 '발명품을 만드는 발명품'이 될 것입니다.

즉 생성형 AI는 콘텐츠 제작을 단순히 돕는 도구에서 벗어나 AI 자체가 콘텐츠이자 인플루언서로서의 역할을 할 수 있는 새로운 단계로 진화하고 있습니다. 이미 언급한 AI 기반 인플루언서인 릴 미켈라, 이마와 같은 가상 인플루언서는 이미 많은 팔로워를 보유하며 브랜드 협업을 통해 실질적인 광고 수익을 창출하고 있습니다. 이러한 사례는 생성형 AI가 더 이상 단순한 콘텐츠 생산 도구가 아닌 독립적인 콘텐츠 주체로 자리매김할 수 있음을 보여줍니다. 이러한 AI 인플루언서의 확산이 단순히 콘텐츠의 양적 증가를 넘어 AI가 스스로 하나의 브랜드가 되어 소비자와 소통하고 경제적 가치를 창출하는 단계로 나아가고 있다고 분석합니다. 이처럼 AI 기술은 창작자에게 더욱 큰 영향력을 제공하며, 디지털 마케팅의 새로운 가능성을 열어가고 있습니다.

예측 마케팅과 실시간 분석의 고도화

생성형 AI 출현 이후 예측 마케팅(Predictive Marketing)과 실시간 분석은 더 큰 혁신으로 나아가고 있습니다. 생성형 AI는 고급 데이터 처리, 자연어 처리, 기계 학습 등 다양한 기술을 결합하면서 기존의 데이터 분석 기반 예측 마케팅을 뛰어넘어 실시간으로 변화하는 고객 행동에 대응하며 마케팅 효과를 극대화할 수 있는 도구로 발전하고 있습니다. 일단 생성형 AI는 기존의 고객 세분화 방법을 뛰어넘어 실시간 고객 세분화를 할 수 있습니다. AI는 고객의 행동, 심리 상태, 구매 패턴을 학습하고 실시간으로 고객의 변화를 감지하여 초개인화된 마케팅을 실행할 수 있습니다. 대표적인 예로 AI는 고객이 웹사이트에서 이탈할 가능성이 높다고 판단할 때 맞춤형 할인 쿠폰을 제공하거나 특정 상품을 추천할 수 있습니다.

그리고 기존의 예측 마케팅은 과거 데이터를 바탕으로 미래 행동을 예측하는 데 한계가 있었지만, 생성형 AI는 고급 자연어 처리와 감성 분석을 통해 고객이 남긴 리뷰, 소셜 미디어 활동, 심지어는 대화 내용까지 분석하여 더 깊이 있는 예측을 가능하게 합니다. 이는 고객의 의도와 감정 상태까지 분석하여 마케팅 메시지를 전달하는 방식에 큰 변화를 가져옵니다. 또한 생성형 AI는 실시간 데이터를 바탕으로 자율적으로 마케팅 캠페인을 조정할 수 있습니다. AI는 실시간 데이터를 분석하고, 캠페인 성과가 저조할 경우 즉각적인 수정 또는 개선된 메시지로 전환할 수 있습니다. 광고 클릭률이 낮은 경우 AI는 A/B 테스트(마케팅에서 매우 흔히 사용되는 실험 방법으로, 두 가지 버전(A와 B)을 비교하여 어느 쪽이 더 효과적인지 알아보는 방식)를 기반으로 더 나은 대안을 찾아내고, 이를 실시간으로 반영할 수 있습니다.

생성형 AI는 고객의 현재 상황에 맞춰 실시간으로 맞춤형 콘텐츠를 생성할 수 있습니다. 고객이 특정 제품을 검색하는 즉시 AI는 그에 맞는 추천 제품, 맞춤형 메시지, 심지어 개인화된 광고 영상까지 자동으로 생성할 수 있습니다. 이러한 맞춤형 콘텐츠는 고객의 관심을 끌고, 전환율을 높이는 데 기여합니다. 그리고 생성형 AI는 고객이 여러 유통 채널을 통해 남긴 데이터를 통합적으로 분석할 수 있습니다. 이를 통해 온라인에서의 행동뿐 아니라 오프라인 매장에서의 구매 이력까지 종합하여 실시간 고객 행동 분석을 더욱 정교하게 할 수 있습니다. 예를 들어 AI는 고객이 오프라인 매장에서 제품을 살펴본 후 온라인에서 다시 그 제품을 검색하면 맞춤형 메시지나 쿠폰을 실시간으로 제공할 수 있습니다.

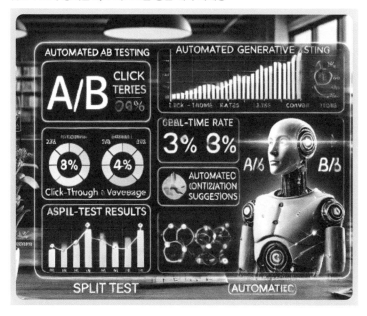

생성형 AI 도입 이후 예측 마케팅의 개선 사례로는 넷플릭스, 아마존 등 빅테크 기업들을 중심으로 보고되고 있습니다. 넷플릭스는 생성형 AI를 도입하여 사용자 데이터를 실시간으로 분석하고, 고객의 시청 이력을 바탕으로 맞춤형 콘텐츠 추천 시스템을 발전시켰습니다. 넷플릭스의 전체 콘텐츠 소비의 약 80%가 이러한 AI 기반 추천을 통해 이루어집니다. 이를 통해 고객 이탈률 감소와 시청 시간 증가라는 긍정적 효과를 얻은 것으로 보고됩니다. 아마존의 맞춤형 추천 시스템도 생성형 AI를 사용하여 고객의 검색 및 구매 이력을 실시간으로 분석, 고객이 무엇을 원하는지 예측해 맞춤형 제품을 추천합니다. 이 기술 덕분에 고객의 평균 구매 금액이 증가했으며, 아마존 전체 매출의 35%가 AI 기반 추천 시스템에서 비롯된다고 보고되고 있습니다.

그렇다면 향후 예측 마케팅과 이를 통한 실시간 분석의 고도화는 어떻게 구현될까요? 미래에는 AI가 멀티모달(Multi Modal) 분석을 통해 고객의 시각적, 음성적, 텍스트 데이터를 종합적으로 동시에 분석하여 고객의 심리 상태를 실시간으로 예측할 것입니다. AI가 고객의 소셜 미디어 게시물에서 텍스트뿐만 아니라 사진 및 동영상의 이미지와 음성 정보를 분석해 고객의 현재 감정을 감지하고, 그에 맞는 맞춤형 메시지를 제공하는 식입니다. 전문가들은 멀티모달 분석과 감정 분석이 예측 마케팅에서 필수적인 역할을 할 것으로 보고 있습니다. 특히 AI 기반 자율 시스템이 발전하면서 실시간으로 데이터를 분석하고 즉각적으로 대응하는 능력은 곧 마케팅의 미래이기도 합니다.

구글 AI 연구팀은 멀티모달 분석과 감정 분석을 결합하여 고객의 심리 상태와 환경을 실시간으로 분석하는 시스템을 개발 중입니다. 이 시스템은 고객이 피로할 때는 휴식을 권장하는 콘텐츠를 제공하고, 활기찬 상태일 때는 더 적극적인 구매를 유도하는 방식으로 개인화된 마케팅을 제공할 수 있습니다. 전문가들은 이러한 정서적 인공지능이 고객과의 정서적 유대를 강화하고, 브랜드 충성도를 높일 수 있다고 예측합니다. 세일즈포스와 같은 CRM 플랫폼은 멀티모달 데이터를 실시간으로 분석해 자동화된 마케팅 캠페인을 제안하는 시스템을 발전시키고 있습니다. 고객이 웹사이트에서 구매를 망설일 때 AI는 즉각적으로 맞춤형 할인 쿠폰을 제공하거나, 고객이 선호하는 상품을 추천하는 방식으로 실시간 대응이 가능합니다. 이러한 자율 마케팅 시스템은 고객 행동을 실시간으로 분석해 더 빠르고 정확한 대응을 할 수 있게 하며, 마케터는 더 전략적 결정에 집중할 수 있게 됩니다.

02

AI 시대로 진군하기 위한 기술의 융복합, 그리고 마케팅

OPENING OPPORTUNITIES WITH AI

AI 시대 미래 기술의 융복합 움직임과 이로 인한 마케팅 파급효과

삼성전자와 SK텔레콤의 AI 관련 광고를 보면 AI는 기술을 더 스마트하게, 더 쉽고 편리하게, 더 행복한 미래를 제시하는 희망적 이미지를 강조합니다. 그런데 더 자세히 살펴보면 단독으로도 강력하게 똑똑한 AI는 여타 혁신 기술들과 결합하여 더욱 스마트한 시너지 효과를 창출하며, 다양한 산업 분야에서 혁신적인 가치를 만들어낼 수 있습니다.

이렇게 AI가 미래 혁신 기술의 융복합에 있어서 중추적인 역할을 할 수 있는 기술적인 요인은 ① 방대한 양의 데이터 처리 및 분석 능력, ② 스스로 학습하고 환경에 적응할 수 있는 능력, ③ 복잡한 작업을 자동화하고 최적화하여 다양한 기술 간의 통합을 효율적으로 관리 및 조정할 수 있는 능력, ④ 과거 데이터를 바탕으로 미래를 예측하고 그에 따른 의사결정을 지원할 수 있는 능력, ⑤ 특히 다양한 분야에 쉽게 적용될 수 있는 확장성과 유연성을 가진 점 등으로 요약됩니다. 이 중에서도 마케팅 관점에서 파급효과가 큰 AI와의 융복합 기술을 보다 자세히 살펴보도록 하겠습니다.

AI와 IoT의 융복합에 따른 스마트 마케팅

AI와 IoT(사물인터넷)의 융복합은 스마트 마케팅의 발전 가능성을 확장시키며, 기업 입장에서는 마케팅 전략 전술과 소비자 입장에서는 새로운 소비 경험을 새롭게 변화시킬 수 있습니다. 두 기술의 결합은 데이터 수집, 분석, 실행의 자동화와 정교화를 더욱 개선시키고, 소비자와 브랜드 간의 상호작용을 더욱 개인화하고 실시간으로 조정할 수 있도록 만듭니다.

우선 대표적인 IoT 기기들, 스마트홈 기기, 웨어러블 장치, 커넥티드 카 등에서 얻는 사용자 행동 패턴, 위치 정보, 건강 상태, 사용 습관 등의 방대한 데이터를 AI가 실시간으로 분석하고, 즉각적으로 유의미한 인사이트를 도출할 수 있습니다. 예를 들어 스마트 냉장고가 사용자의 식품 소비 패턴을 모니터링하고, AI가 이를 분석하여 식료품 구매 알림이나 할인 쿠폰을 제공하는 스마트 마케팅을 구현할 수 있습니다. 또한 스마트 헬스 기기가 사용자의 건강 데이터를 수집하여 AI가 분석함으로써 맞춤형 건강 관리 제품을 추천하거나 관련된 마케팅 메시지를 개인화할 수 있습니다. 이러한 스마트 마케팅은 개인 고객별 맞춤형으로 기존보다 더 강화시킬 수 있습니다. 대표적으로 스마트홈 시스템은 이용자의 일상 패턴을 학습하고, AI가 이를 기반으로 사용자에게 적절한 시간에 에너지 절약 제안을 하거나, 특정 시간에만 활성화되는 스마트 광고를 제공할 수 있습니다.

이러한 개인화된 접근은 소비자의 참여를 유도하고, 브랜드에 대한 충성도를 높이는 데 기여할 수 있습니다. 그리고 스마트 마케팅은 AI를 통한 예측 분석을 통해 선제적 마케팅을 강화할 수 있습니다. 커넥티드 카를 통해 수집된 데이터는 AI가 운전자의 주행 습관과 차량 상태를 분석하는 데 사용될 수 있는데, 이를 통해 차량 유지보수 서비스나 새로운 차량 모델에 대한 맞춤형 제안, 그리고 자동차 보험사에게는 고객의 안전운전 습관을 유도하여 사고에 따른 손해율을 낮추는 방안으로도 활용될 수 있습니다. 이러한 선제적 마케팅은 고객이 필요를 인식하기 전에 적절한 솔루션을 제공하여 고객 만족도를 높이고, 구매 가능성을 증대시킬 수 있습니다. 삼성화재의 '착!한생활시리즈'의 경우 고객의 운전, 건

삼성화재 착!한생활시리즈 광고

자료: 삼성화재

강 관련 데이터를 취합하여 해당 등급별로 리워드라는 보상을 통해 선제적으로 손해율을 관리하고 우량고객을 유치하는 수단으로 활용되고 있습니다.

그리고 AI와 IoT의 융복합은 옴니채널 마케팅 전략을 더욱 효과적으로 구현할 수 있습니다. IoT 기기는 고객의 오프라인 및 온라인 행동을 모두 추적할 수 있으며, AI는 이러한 데이터를 통합하여 전체 고객 여정을 파악하고 최적화된 마케팅 전략을 수립할 수 있습니다. 예를 들어 스마트 매장에서는 고객이 매장을 방문하는 동안 IoT 센서를 통해 어떤 제품에 관심을 가졌는지 데이터를 수집하고, AI는 이 데이터를 분석하여 고객이 매장을 떠난 후에도 이메일, 모바일 알림, 소셜 미디어 등을 통해 관련 제품의 프로모션을 제공할 수 있습니다. 이러한 통합된 마케팅 접근은 고객의 경험을 끊김 없이 연결하고, 일관된 메시지를 전달하여 구매 전환율을 높일 수 있습니다.

월마트는 AI와 IoT를 융복합을 통해 옴니채널 마케팅을 성공적으로 구현한 사례입니다. 이 기술적 융합을 통해 월마트는 온라인과 오프라인에서 일관되고 개인화된 고객 경험을 제공하며, 운영 효율성을 크게 향상시켰습니다. 월마트의 스마트 재고 관리 시스템은 IoT 기술을 활용해 매장 내와 물류센터의 모든 제품에 센서를 부착, 실시간으로 재고 상태를 모니터링합니다. 이 데이터를 AI 알고리즘으로 분석하여 제품 수요를 예측하고, 최적의 재고 수준을 유지하도록 돕습니다. 또한 월마트 앱은 고객의 위치 데이터를 활용해 가까운 매장에 재고가 있는 제품을 추천하거나, 매장 내에서 고객의 이동 경로를 분석해 개인화된 제품 제안을 할 수 있습니다. 이를 통해 고객은 필요할 때 필요한 제품을 쉽게 찾을 수 있으며, 구매 경험이 더욱 원활해집니다.

월마트 BOPIS 서비스

자료: 월마트

그리고 월마트의 BOPIS(Buy Online, Pick-up In Store) 서비스는 AI와 IoT 기술의 결합으로 더욱 강화되었습니다. 고객이 온라인으로 주문을 하면 IoT 센서를 통해 해당 제품의 위치가 매장 내에서 즉시 확인되고, AI 시스템이 가장 빠른 준비 시간과 픽업 위치를 추천합니다. 이는 고객의 대기 시간을 줄이고, 매장 운영 효율성을 극대화하는 데 기여합니다. 또한 IoT와 AI 기술을 결합한 스마트 카트를 도입하여 고객이 카트에 넣는 제품을 자동으로 인식하고, 실시간으로 총금액을 계산합니다.

AI와 AR/VR의 결합에 따른 몰입 마케팅 강화

몰입 마케팅(Immersive Marketing)은 고객이 브랜드나 제품과의 상호작용을 통해 깊이 몰입하고 체험할 수 있는 환경을 제공하는 마케팅 전략입니다. 증강현실(AR)과 가상현실(VR) 기술은 현실 세계와 가상 세계를 결합하여 사용자가 실제로 그 장소나 제품을 체험하는 것 같은 경험을 제공하기 때문에 AI와 AR/VR의 결합은 몰입 마케팅을 더욱 강력하게 만들 수 있습니다. 이러한 기술들은 사용자가 제품을 실제로 체험하거나 다양한 시나리오를 경험하게 하여 고객 참여와 만족도를 높입니다. 무엇보다도 가상 쇼핑 경험을 한층 더 발전시킬 수 있습니다. AR/VR 기술을 통해 소비자들은 가상의 쇼핑몰이나 매장에서 제품을 탐색하고, AI가 이를 개인의 취향에 맞춰 필터링하고 추천하는 경험을 제공할 수 있습니다.

　예를 들어 로레알은 AI와 AR 기술을 결합하여 고객에게 혁신적인 가상의 메이크업 경험을 제공하고 있습니다. 로레알은 2018년에 AR 기술 회사 모디페이스(ModiFace)를 인수하여 AI와 AR 기술을 자사의 마케팅 전략에 통합했습니다. 이렇게 로레알은 모디페이스의 기술을 활용해 '버추얼 트라이온(Virtual Try-On)'이라는 가상 메이크업 앱을 개발했습니다. 이 앱은 AR과 AI를 사용하여 고객이 자신의 얼굴을 스캔하고, 다양한 화장품을 가상으로 적용해볼 수 있는 기능을 제공합니다. 이를 통해 고객은 제품을 실제로 사용해보지 않고도 메이크업이 자신의 얼굴에 어떻게 보일지 시각적으로 체험할 수 있습니다. 그리고 이를 통해 고객의 피부 톤, 얼굴 형태, 개인 스타일을 분석하여 맞춤형 제품을 추천합니다. 이러한 개인화된 접근은 고객의 만족도를 높이고 구매 가능성을 증가시킵니다. 결과적으로 로레알의 AI와 AR 결합 마케팅

로레알의 버추얼 트라이온

자료: 로레알 홈페이지

전략은 향후 고객 참여도를 높이고 온라인 판매를 증대시키는 데 크게 기여할 것입니다. 고객이 제품을 직접 사용해보지 않고도 다양한 메이크업 룩을 시도할 수 있게 함으로써 구매 전환율이 증가하고, 고객의 브랜드 충성도는 강화될 것입니다.

AI와 AR/VR의 결합은 가상 쇼핑 경험을 한층 더 발전시킬 수 있습니다. AR/VR 기술을 통해 소비자들은 가상의 쇼핑몰이나 매장에서 제품을 탐색하고, AI가 이를 개인의 취향에 맞춰 필터링하고 추천하는 경험을 제공할 수 있습니다. 가구 회사인 이케아는 AI와 AR을 결합한 '이케아 플레이스(IKEA Place)' 앱을 통해 이를 구현하고 있습니다. 이케아 플레이스는 스마트폰 카메라를 통해 사용자가 자신의 집을 스캔하면 AR 기술을 활용해 이케아의 가구를 실제 공간에 가상으로 배치할 수 있게 합니다. 고객은 3D로 생성된 가구를 실제 크기로 집 안의 특정 위치에 놓아보고, 색상, 디자인, 공간 활용도 등을 즉각적으로 확인할 수 있습니다. 이를 통해 고객은 가구가 실제로 어떻게 보일지 시각화할 수 있어 오프라인 매장에서 직접 확인하는 경험과 유사한 느낌을 얻습니다.

AI는 사용자가 선호하는 스타일과 취향을 학습하여 그에 맞는 가구를 추천하는 기능을 제공합니다. 사용자가 중성 색상과 모던한 디자인을 선호하는 경우, AI는 이러한 정보를 바탕으로 맞춤형 추천을 할 수 있습니다. 이로 인해 고객은 더 개인화된 쇼핑 경험을 누리며, 자신의 취향에 맞는 제품을 더 빠르고 쉽게 찾을 수 있습니다. AR을 통해 보이는 가구는 실제 제품의 크기, 색상, 질감을 매우 현실적으로 반영합니다. 이케아는 3D 모델을 정교하게 개발하여 가상공간에서도 제품이 실제와 동일하게 보이도록 했습니다. 소비자들은 가구가 집 안의 다른 가구와 얼마나 잘 어울리는지 확인할 수 있으며, 공간의 크기와 적합성에 대한 불확실성을 제거할 수 있습니다. 이는 고객이 제품을 구매하기 전에 미리 검토할 수 있는 중요한 기능으로 평가합니다. 그리고 최근에는 생성형 AI가 결합되면서 고객의 인테리어 스타일과 공간을 분석해 최적의 가구 배치를 추천하는 기능까지 추가되었습니다.

BMW의 VR 및 AI 기반 몰입형 마케팅 캠페인 역시 혁신적인 VR 기술을 사전적인 가상의 체험으로 결합시킨 대표적인 사례입니다. BMW는 2022년 리스본에서 열린 웹서밋(Web Summit)에서

'이케아 플레이스' 앱의 활용

자료: 이케아 홈페이지[9]

M2 차량을 이용한 혼합현실(Mixed Reality, MR) 체험을 공개했습니다. 이 체험에서는 VR 기술을 통해 사용자가 실제로 차량을 운전하면서 가상 환경에서 레이싱을 경험할 수 있었습니다. 이 과정에서 VR 헤드셋과 차량의 움직임이 실시간으로 동기화되어 몰입감 높은 체험을 제공한 바 있습니다.

또한 BMW는 AI 기술을 활용해 소비자의 선호도와 행동을 분석하고, 이를 바탕으로 차량 모델과 옵션을 실시간으로 추천하는 맞춤형 경험을 제공한 바 있습니다. CES 2024에서 BMW는 엑스리얼(XREAL) AR 글래스와 AI 기반 음성 비서 시스템을 도입해 운전자가 차량과 상호작용하는 방식을 새로 제공하면서 프리미엄 브랜드 이미지를 강조했습니다. 이러한 노력들은 차량을 단순한 이동 수단이 아닌, 디지털화된 개인 맞춤형 경험을 제공하는 제품

BMW의 VR 및 AI 기반 몰입형 마케팅 캠페인

자료: BMW 홈페이지[10]

으로 재정의하는 데 기여하는 몰입형 마케팅의 좋은 사례라고 판단합니다.

한편 현재 VR 광고는 2024년 전 세계적으로 약 1억 7,400만 달러의 매출을 기록할 것으로 예상되며, 이는 전체 디지털 광고 시장에서 1% 미만의 가장 작은 비중을 차지하고 있습니다. 다만 VR 광고는 상대적으로 초기 단계에 있으나, 성장 가능성이 높은 분야로 평가받고 있습니다. VR 광고는 가상 제품 시연, 가상 쇼룸, 몰입형 경험을 통해 브랜드와 소비자 간의 상호작용을 강화하는 데 중점을 두고 있습니다. 물론 현재 VR 앱 시장의 주요 카테고리별로 보면 게임이 가장 큰 비중, 약 50% 이상을 차지하고 있어서 게임 사용자들에게 타깃이 된 광고 매출이 주력인 것으로 분석됩니다. 그 외에도 교육과 훈련 앱들이 약 20% 비중, 엔터테인먼트 및 가상 여행 관련 앱은 약 10~15%의 비중을 차지하고 있습니다. 이 분야는 가상 영화관, 공연 또는 전 세계 다양한 장소를 여행할 수 있는 가상 관광과 관련이 있는데, 이 부분이 커질수록 VR 기기를 통한 광고 매출은 의미 있게 성장할 것입니다.

향후 VR 마케팅의 미래는 우선 소비자 데이터 분석과 결합하여 개인화된 경험을 제공하는 방향으로 발전할 것입니다. AI 기술과 결합된 VR은 개별 소비자의 취향과 행동 패턴에 맞춘 맞춤형 광고나 프로모션을 제공할 수 있어 더욱 높은 참여도와 구매 전환율을 이끌어낼 것으로 예상합니다. 또한 VR을 통한 가상 상거래

(V-Commerce)가 확대될 전망입니다. 사용자가 VR 기기를 착용하고 가상 매장을 탐색하면서 제품을 선택하고, 실제 구매까지 이어지는 일련의 과정이 점차 대중화될 것으로 예상됩니다. 특히 사례로 살펴봤던 뷰티, 패션, 가구 산업 등에서 소비자는 제품을 가상으로 체험하고 자신의 공간에 배치해보는 등의 몰입형 쇼핑 경험을 통해 구매 결정을 더욱 쉽게 내릴 수 있을 것입니다. 그리고 메타버스 플랫폼과의 융합은 향후 VR 마케팅의 중요한 성장의 계기가 될 것입니다. 메타버스는 가상 세계에서 다양한 브랜드가 상호작용하고 이벤트를 개최할 수 있는 새로운 공간을 제공하므로 VR을 통해 이러한 가상공간 내에서 브랜드 경험을 강화하는 마케팅 전략이 주목받을 것입니다.

같은 맥락에서 AR 마케팅의 미래도 실시간 데이터와 결합해 소비자에게 보다 몰입감 있고 즉각적인 경험을 제공하는 방향으로 발전할 것입니다. AR 기술은 스마트폰이나 AR 글래스를 통해 소비자가 실제 공간에 가상의 요소를 겹쳐보며 제품을 가상으로 시각화하거나 체험할 수 있게 해줍니다. 예를 들어 뷰티 산업에서 소비자는 AR 앱을 통해 자신에게 어울리는 메이크업 제품을 가상으로 시도해볼 수 있으며, 패션 산업에서는 가상 피팅룸을 통해 옷을 미리 입어보는 체험이 가능해질 것입니다. 특히 AI 기술과 결합된 AR은 소비자의 선호와 행동을 분석해 더욱 개인화된 추천과 프로모션을 제공할 수 있습니다. 페이스북과 같은 소셜 미디어 플랫폼은 이미 AR을 활용해 광고나 제품 체험을 제공하고 있으며, 이러한 트렌드는 스냅챗의 AR 필터와 같이 소비자의 일상적인 상호작용을 통해 브랜드 경험을 강화하는 데 중요한 역할을 하고 있습니다.

AI와 블록체인의 결합으로 투명성 강화

블록체인과 AI의 융복합은 글로벌 명품 마케팅에서 크게 주목받고 있습니다. 이 결합을 통해 명품 관련 데이터의 투명성과 신뢰성을 보장하며, 명품 고객의 개별성을 고려한 맞춤형 경험을 제공하는 데 중요한 역할을 할 수 있습니다. 이를 통해 마케팅 분야에서 얻을 수 있는 시너지 효과는 크게 두 가지로 나눌 수 있는데, 바로 진품 인증과 맞춤형 마케팅 전략입니다.

LVMH(루이비통모에헤네시), 프라다, 까르띠에 등의 럭셔리 브랜드들이 함께 설립한 '오라 블록체인 컨소시엄(Aura Blockchain Consortium)'은 블록체인 기술을 활용해 고급 제품의 진품 인증과 투명한 제품 이력 관리를 가능하게 했습니다. 이 시스템은 고객이 구매한 제품의 제조, 유통, 소유권을 추적할 수 있으며, 소비자에게 진위 확인과 디지털 인증서를 제공하는 역할을 합니다. 이 블록체인 플랫폼은 제품의 원재료부터 유통 과정까지 모든 정보를 기록해 위조 방지 및 고객 신뢰를 강화하고 있습니다. 이를 통해 향후 글로벌 럭셔리 브랜드는 블록체인과 생성형 AI를 결합해 맞춤형 마케팅을 본격적으로 강화할 것입니다. 고객이 고급 핸드백을 구매하면 블록체인 기반의 디지털 인증서가 발급되고, 고객은 제품의 진위 여부를 확인할 수 있습니다.

이와 동시에 AI는 고객의 구매 패턴과 선호하는 디자인을 분석해 고객에게 맞춤형 제품 추천 및 할인 혜택을 제공합니다. 고객은 자신의 데이터를 보호받으며, AI는 실시간으로 고객의 취향에 맞춘 제품을 제안함으로써 재구매율을 높이게 될 것입니다. 전문가들은 블록체인과 AI의 결합이 특히 고객 데이터 보호와 맞춤형 서비스 제공에서 큰 성과를 낼 것으로 기대합니다. PwC와 딜로이트(Deloitte)는 블록체인이 AI와 결합하여 광고 투명성을 높이고, 고객의 데이터를 안전하게 관리하며 개인화된 마케팅을 강화하는 데 중요한 역할을 할 것이라고 보고 있습니다. 이를 통해 광고 사기 방지 및 맞춤형 추천 시스템의 신뢰성을 더욱 높일 수 있습니다.

이러한 움직임은 명품 관련한 유통 채널 전반에 걸쳐 확산되고 있습니다. 스톡엑스(StockX)는 명품 리세일링 시장에서 주목받는 플랫폼 중 하나인데, 블록체인 기반 인증 시스템을 통해 제품의 진위 여부를 투명하게 관리하고 있습니다. 제품이 판매되기 전에 전문 감정가가 제품을 검사하고, 그 정보를 블록체인에 기록하여 변경 불가능한 거래 기록을 만듭니다. 이를 통해 구매자는 제품의 진품 보장과 함께 거래의 투명성을 확보할 수 있습니다. 만약 여기에 AI가 결합된다면 스톡엑스는 고객의 구매 이력과 선호도를 분석해 개인화된 추천을 제공할 수 있습니다. AI는 고객이 구매한 제품의 데이터를 학습해 비슷한 스타일이나 가격대의 제품을 자동으로 추천하며, 이를 통해 고객의 쇼핑 경험을 더욱 향상시킵니다.

전문가들은 블록체인과 AI가 결합된 명품 리세일링 시스템이 신뢰 기반의 거래와 고객 맞춤형 마케팅을 가능하게 함으로써 명품 시장의 위조 문제를 해결하고 고객 만족도를 크게 높일 것이라고 전망하고 있습니다. 많은 명품 리세일 플랫폼이 블록체인 기술을 채택해 신뢰성을 강화할 것으로 예상되는 이유입니다. 향후 글로벌 명품 구매대행 업체가 블록체인 기반 인증과 생성형 AI를 결합한 시스템을 통해 고객의 구매 이력과 선호도를 실시간으로 분석, 맞춤형 추천과 할인 혜택을 제공하고, 제품의 소유권을 블록체인에 안전하게 기록할 수 있는 디지털 인증서를 발급할 수 있습니다. 이를 통해 소비자는 투명한 거래를 경험하며, 브랜드는 고객의 신뢰를 강화할 것입니다.

국내의 경우 2021년 8월 신세계인터내셔날은 블록체인 기술을 통해 명품의 진위 여부를 확인할 수 있는 블록체인 기반 인증 시스템을 도입했습니다. 이 시스템은 그라운드엑스(Ground X)의 클레이튼(Klaytn) 블록체인을 사용해 NFT(Non-Fungible Token)를 활용하여 명품 구매 시 디지털 인증서를 발급하고, 이를 통해 소비자는 제품의 고유 번호와 구매 이력, 보증 기간 등의 정보를 안전하게 확인할 수 있습니다. 이 디지털 인증서는 위변조가 불가능하며, 모든 거래와 소유권 변동 기록이 블록체인에 저장되어 명품 시장의 투명성을 강화했습니다. 이러한 기술은 특히 병행 수입이나 중고 명품 거래에서 상품의 진품 여부를 확실히 보장하는 데 중요한 역할을 합니다. 이를 통해 명품 구매 시 소비자에게 신뢰를 제공하고, 중고 거래에서 불법 유통을 방지하는 데 기여했습니다. 블록체인 기술의 불변성과 투명성을 활용해 명품 시장의 투명성을 높이는 한편, 위조품 문제를 해결하는 데 중요한 역할을 했습니다.

블록체인 기술을 기반으로 한 진품 인증 과정에서 생성형 AI는 제품 이미지를 분석하고, 진위 여부를 판단하는 데 보조적인 역할을 할 수 있습니다.

AI는 수천 개의 제품 이미지와 거래 이력을 비교하여 위조품의 가능성을 탐지하는 데 결정적인 도움을 줄 수 있습니다. 이는 명품 리세일링 시장에서 위조품 문제를 해결하고, 고객이 더욱 신뢰할 수 있는 플랫폼을 구축하는 데

블록체인을 활용한 진품 인증

자료: Into The Minds[11]

기여할 것입니다.

생성형 AI와 로봇 공학의 만남, 지각변동 중인 서비스업

로봇 공학(Robotics)과 생성형 AI의 결합은 마케팅 분야에서 고객 경험을 혁신하고, 자동화된 상호작용을 강화하는 중요한 역할을 합니다. 만약 스타벅스에도 생성형 AI가 장착된 로봇 키오스크와 로봇 바리스타가 생겨서 복잡한 개인별 옵션을 척척 해내는 때가 곧 다가올 수도 있는 것입니다. 이렇게 오프라인 매장이나 서비스 산업에서 로봇과 AI는 고객과의 상호작용을 맞춤형으로 개인화하고, 실시간 피드백을 제공하는 시스템으로 점점 더 널리 활용될 것입니다.

소프트뱅크의 페퍼(Pepper) 로봇은 AI와 로봇 공학이 결합된 대표적인 예로, 고객과의 직접적인 상호작용을 통해 맞춤형 서비스를 제공하고 있습니다. 이 로봇은 여러 언어를 인식하며, 얼굴 표정을 분석해 고객의 감정 상태를 파악할 수 있습니다. 특히 AI는 고객의 행동 데이터를 학습하여 더 정교한 추천을 제공하거나, 매장 내 특정 상품에 대한 관심도를 높이는 역할을 합니다. 소프트뱅크는 페퍼를 활용해 일본의 여러 소매 업체와 식당에서 맞춤형 서비스를 제공하고 있으며, 고객의 요구에 맞게 상품을 추천하거나 메뉴를 설명해주는 등 로봇과의 상호작용이 매출 증대에 기여하고 있습니다.

소프트뱅크의 페퍼 로봇

자료: The Japan Times[12]

힐튼 호텔 체인은 IBM 왓슨(Watson)의 기술을 활용해 코니 (Connie)라는 AI 기반 로봇 콘시어지(Concierge)를 도입했습니다. 고객의 질문에 응답하고 지역 명소, 호텔 편의시설, 식당 추천 등 을 제공합니다. 힐튼 매클레인(Hilton McLean) 호텔에서 시범 운영 중으로 고객과 상호작용하면서 점점 더 개인화된 서비스를 제공 하도록 학습하고 있습니다. 단순히 정보를 제공하는 것뿐만 아니 라 고객과의 상호작용을 통해 추천 시스템을 계속 개선하는 특징 을 가지고 있습니다. AI와 로봇 공학의 결합이 호텔 서비스에 어떻 게 기여할 수 있는지를 내다볼 수 있는 사례로서 이를 통해 힐튼 은 고객 참여도를 높이고, 맞춤형 경험을 제공할 수 있습니다. 이

힐튼 호텔 체인의 로봇 콘시어지

자료: USA투데이[13]

러한 로봇 기술은 고객의 요구를 실시간으로 처리하여 24시간 응대가 가능하며, 효율성을 극대화할 수 있습니다.

이러한 로봇 공학과 생성형 AI의 결합이 오프라인 매장과 서비스 산업에서 인력 부족 문제를 해결하고, 고객 경험을 개인화할 수 있는 혁신적 도구가 될 것입니다. 보스턴컨설팅그룹(BCG)과 맥킨지의 보고서에 따르면, 2027년까지 글로벌 리테일 산업에서 50% 이상의 대형 매장이 로봇을 도입해 고객 맞춤형 서비스를 제공할 것으로 예상되고 있으며, 이는 고객 충성도와 매출에 긍정적인 영향을 미칠 것이라고 전망하고 있습니다.

AI 빅테크-소프트웨어 기업들의 마케팅 툴 소개와 활용 사례

마케팅 툴(Marketing Tool & Solution)은 제품 또는 서비스의 홍보, 소비자와의 소통, 고객 데이터 분석 등을 지원하는 말 그대로 '마케팅 도구'입니다. 마케팅 툴은 주로 캠페인 실행, 고객 세분화, 광고 성과 추적, 사용자 경험 개선 등 다양한 마케팅 활동을 효율적으로 수행할 수 있도록 돕는 역할을 합니다. 이러한 툴은 주로 데이터 분석 및 관리 소프트웨어로 한정되는데, '구글 애널리틱스(Google Analytics)', '세일즈포스(Salesforce)', '메일침프(Mailchimp)' 등이 그렇게 명명되고는 합니다. 즉 마케터들이 효과적으로 마케팅 전략을 계획하고 실행하며 결과를 측정하고 최적화하는 데 필요한 다양한 기술적 지원을 제공하는 도구가 마케팅 툴인 것입니다. 특히 생성형 AI 도입 이후 마케팅 툴에도 혁신을 가져왔는데, 마케터들이 보다 효율적이고 창의적으로 작업할 수 있도록 새로운 기회를 열고 있는데, 다음과 같은 중요한 변화들로 정리할 수 있습니다.

콘텐츠 자동 생성과 맞춤화

과거에는 마케터들이 광고 카피, 블로그 글, 소셜 미디어 포스트 등의 콘텐츠를 일일이 수동으로 작성해야 했습니다. 그러나 생성형 AI는 마케터가 필요한 정보를 입력하면 즉시 그에 맞는 광고 카피, 이미지, 동영상 등의 콘텐츠를 자동으로 생성할 수 있습니다. 예를 들어 오픈AI의 GPT-4와 같은 AI는 제품 설명, 고객 리뷰, 웹페이지 콘텐츠를 빠르고 정확하게 작성하여 시간과 비용을 절감할 수 있습니다. 이를 통해 마케터들은 고객 개개인의 선호도와 관심사에 맞춘 맞춤형 메시지를 대량으로 제작할 수 있습니다.

고급 데이터 분석 및 예측 기능 강화

AI 기반의 마케팅 툴은 데이터 분석 능력을 혁신적으로 개선했습니다. 과거의 툴이 데이터 수집과 단순한 트렌드 분석에 그쳤다면, 생성형 AI는 데이터를 기반으로 소비자 행동을 예측하고 그에 맞는 맞춤형 제안을 자동으로 제공합니다. 예를 들어 구글 애널리틱스 4(GA4)는 생성형 AI를 도입하여 고객의 행동 패턴을 실시간으로 분석하고, 전환 가능성이 높은 고객을 식별하는 등 마케터의 의사결정을 지원합니다. 이를 통해 마케팅 캠페인의 성과를 극대화할 수 있는 방법을 실시간으로 제안합니다.

고객 상호작용의 자동화

AI 챗봇과 같은 도구는 고객과의 소통을 보다 자동화된 방식으로 처리할 수 있게 합니다. 예를 들어 AI 기반 고객 상담 서비스는 고객의 질문에 신속하고 정확하게 답변을 제공하며, 추가로 제품 추천, 문제 해결 등을 자동으로 처리합니다. AI 챗봇은 고객 경

험을 향상시키고, 마케팅 활동의 중요한 부분인 고객 상호작용을
더욱 효율적으로 관리할 수 있습니다.

개인화된 경험 제공

AI는 마케팅 툴을 통해 개인화된 사용자 경험을 제공하는 데
핵심 역할을 하고 있습니다. 과거에는 고객 세분화가 주로 기초적
인 정보에 의존했지만, 이제 AI는 사용자 행동, 구매 이력, 검색 기
록을 분석하여 개별 사용자에게 맞춤형 콘텐츠와 광고를 제공합
니다. 이로 인해 마케터들은 고객이 필요로 하는 정확한 정보와
제품을 적시에 제안할 수 있으며, 이는 전환율을 높이는 데 상당
한 기여를 하고 있습니다.

마케팅 자동화의 발전

생성형 AI는 마케팅 자동화를 한층 더 발전시켰습니다. 마
케팅 캠페인 플래닝, 운영, 분석, 보고까지 AI가 자동으로 처리
할 수 있게 됨으로써 마케터들은 더 전략적인 부분에 집중할 수
있습니다. 예를 들어 구글 애즈(Google Ads)의 퍼포먼스 맥스
(Performance Max, 실적 최대화)는 생성형 AI를 이용해 광고 소재
를 자동으로 생성하고, 캠페인의 성과를 실시간으로 최적화할 수
있도록 돕습니다.

생성형 AI는 마케팅 툴을 크게 진화시켜 자동화, 개인화, 예측 분석을 중심으로 새로운 차원의 마케팅 전략을 가능하게 하고 있습니다. 이로 인해 마케터들은 더 창의적이고 데이터 중심의 마케팅을 할 수 있게 되었으며, 시간과 자원을 절약하는 동시에 더욱 높은 성과를 낼 수 있는 환경이 조성되었습니다. 주요 마케팅 툴들이 생성형 AI와 만나서 어떻게 진화하고 실무적인 활용도를 높이고 있는지를 살펴보겠습니다.

1) 구글 애널리틱스 4(GA4)

'구글 애널리틱스 4(이하 GA4)'는 웹사이트 및 앱의 데이터를 통합하여 분석할 수 있는 최신 버전의 구글 애널리틱스입니다. GA4는 이벤트 기반 데이터 수집과 고객 행동 예측을 중심으로 한 새로운 방식으로, 마케터들이 더욱 정교하고 포괄적인 데이터를 활용해 마케팅 전략을 수립할 수 있게 돕습니다. GA4는 기존 세션 기반 모델과 달리 모든 상호작용을 이벤트로 처리하는 데이터 모델을 사용합니다. 클릭, 스크롤, 페이지뷰 같은 활동을 각각 독립된 이벤트로 간주해 보다 유연하고 세밀하게 사용자 행동을 분석합니다. 이를 통해 페이지에 머무는 시간, 버튼 클릭, 동영상 시청 등 다양한 활동을 보다 정확하게 추적할 수 있습니다.

또한 사용자 중심 분석을 통해 웹과 앱 전반에서 발생하는 모든 데이터를 통합하여 추적하고 분석합니다. 이로 인해 다양한 플랫폼과 기기에서 발생하는 고객 여정을 한눈에 파악할 수 있습니다. 그리고 AI 기반 예측 분석 기능은 머신러닝을 통해 사용자의 미래 행동을 예측하고, 구매 가능성이 높은 고객 그룹을 자동으로 식별해 맞춤형 마케팅 메시지를 전달하는 데 도움을 줍니다. 데이터 보존과 관련한 개인정보 보호 규정을 준수하며, 쿠키 없이도 데이터 분석이 가능한 방식으로 진화하고 있어 엄격한 규제를 받는 시장에서도 효과적인 분석이 가능합니다.

마케터에게 GA4는 웹사이트와 앱의 데이터를 통합적으로 분석할 수 있도록 지원합니다. 초기 설정에서는 GA4 속성을 생성해 기존 웹사이트나 앱에 연결하고, 이벤트(페이지뷰, 클릭, 전환 등)를 정의하여 추적합니다. 이를 통해 마케터는 특정 행동을 트래킹할 수 있으며, 구글 태그 매니저(Google Tag Manager)와 연동하여 이벤트 설정을 간소화할 수 있습니다. 핵심 보고서에서는 실시간 방문자 수, 유입 경로 등을 추적하며, 사용자 라이프사이클 분석을 통해 획득, 참여, 수익화, 유지 단계별 데이터를 제공합니다. 맞춤 잠재고객 설정을 통해 특정 행동을 취한 사용자 그룹을 타깃팅하고, 머신러닝을 활용해 전환 가능성이 높은 고객 그룹을 예측할 수 있습니다. 전환 추적 기능을 통해 구매, 회원 가입 등 목표를 설정하고 실시간 성과를 분석합니다. 또한 GA4의 탐색 허브에서는 보고서를 고객 맞춤형으로 시각화할 수 있으며, 크로스 플랫폼 추적 기능을 통해 여러 기기에서의 사용자 행동을 통합적으로 분

자료: 구글 애즈 홈페이지[14]

석해 마케팅 전략을 최적화할 수 있습니다.

 GA4와 생성형 AI를 활용한 성공적인 마케팅 툴 제공 사례로는 '퍼포먼스 맥스' 캠페인이 주목받았습니다. 구글의 AI 기반 퍼포먼스 맥스는 여러 채널에서 고객을 타깃팅하고 맞춤형 광고를 자동으로 생성하는 기능을 제공합니다. 2022년 이후 많은 기업이 이를 활용해 전환율을 18% 이상 증가시켰습니다. 예를 들어 e-커머스 브랜드는 GA4의 데이터를 기반으로 장바구니에 상품을 담고 결제하지 않은 고객을 추적하고, 생성형 AI를 통해 이러한 고객에게 맞춤형 할인 코드를 자동으로 제공하는 리타깃팅 캠페인을 진행하여 높은 성과를 거두었습니다.

2) 세일즈포스의 아인슈타인 GPT

아인슈타인 GPT(Einstein GPT)는 2023년에 발표된 세계 최초의 생성형 AI 기반 CRM으로, AI를 통해 기업이 더 효율적이고 생산적으로 고객과 상호작용할 수 있도록 돕는 혁신적인 마케팅 툴입니다. 적용된 기술은 GPT-3 및 기타 언어 모델을 기반으로 하며, 세일즈포스의 AI 클라우드와 결합하여 고급 CRM 데이터를 처리하고 개인화된 솔루션을 제공합니다. 세일즈포스는 AI 기술이 데이터 분석, 예측, 자동화를 통해 CRM의 미래를 변화시킬 수 있다는 비전을 가지고 있었습니다. 이에 따라 아인슈타인 AI를 먼저 출시했고, 이후 생성형 AI의 가능성을 결합해 아인슈타인 GPT를 탄생시켰습니다. 이 과정에서 중요한 점은 데이터 보안과 신뢰성을 유지하면서도 AI가 실시간으로 데이터를 분석하고, 고객 맞춤형 솔루션을 제공할 수 있도록 개발되었다는 점입니다. 데이터 마스킹과 데이터 보안 계층을 도입하여 고객의 민감한 데이터를 안전하게 처리하면서 AI의 성능을 최대한 활용할 수 있도록 했습니다.

아인슈타인 GPT의 주요 기능을 살펴보면 고객 데이터를 활용해 자동으로 맞춤형 이메일, 마케팅 메시지, 웹페이지 콘텐츠 등을 생성하는 기능을 제공합니다. 이를 통해 고객에게 실시간으로 최적화된 메시지를 전달할 수 있습니다. 또한 고객 서비스 측면에서는 고객 문의에 대한 자동 응답과 맞춤형 지식을 생성하여 상담

원이 더 빠르게 문제를 해결할 수 있도록 지원합니다. 마지막으로 아인슈타인 GPT는 CRM 데이터를 기반으로 실시간 예측 분석을 제공하여 마케터와 판매팀이 더 나은 의사결정을 내릴 수 있게 도와줍니다. 이를 통해 마케팅 ROI를 높이고 더 나은 타깃팅을 가능하게 합니다. 데이터 클라우드와의 연동을 통해 실시간으로 고객 세분화 및 캠페인 최적화가 이루어지며, 이를 통해 마케팅 전략을 더 정밀하게 조정할 수 있습니다.

명품 업체 구찌는 세일즈포스의 아인슈타인 GPT 파일럿 프로그램에 참여한 대표적인 기업 중 하나로, 이를 통해 고객 서비스 효율성을 약 30% 개선하는 성과를 거두었습니다. 구찌는 서비스 GPT 기능을 활용해 고객 요청 처리 시간을 단축하고, 문제 해결 과정을 자동화함으로써 상담원이 더 신속하게 업무를 처리할 수 있도록 지원했습니다. 이 기술은 고객과의 상호작용을 개선하고, 고객의 문제 해결을 빠르게 처리할 수 있도록 돕는 데 긍정적인 역

세일즈포스의 아인슈타인 GPT

자료: 세일즈포스 홈페이지[15]

할을 했습니다. 특히 고객 대화 요약 및 후속 조치 자동화를 통해 전체 프로세스를 간소화하여 고객 만족도를 높였습니다. 이 파일 럿 프로젝트의 성공은 세일즈포스의 AI 로드맵에 중요한 영향을 미쳤으며, 향후 더욱 광범위한 적용 가능성을 열어주었습니다.

3) 어도비의 AI 마케팅 툴, 어도비 센세이

'어도비 센세이(Adobe Sensei)'는 2016년 어도비 맥스(Adobe MAX)에서 처음 발표된 AI 및 머신러닝 기반의 마케팅 툴로, 어도비의 방대한 데이터 자산과 고급 AI 기술을 결합하여 고객 경험과 콘텐츠 제작을 자동화하고 향상시키기 위해 개발되었습니다. 센세이는 어도비의 모든 클라우드 서비스(Adobe Experience, Creative, Document Cloud)에 통합되어 사용되며, 이미지 매칭, 문서 의미 분석, 타깃 고객 세분화 등의 복잡한 작업을 자동화합니다.

어도비는 오랜 기간 동안 쌓아온 고객 데이터와 콘텐츠를 활용해 AI가 실시간으로 인사이트를 제공할 수 있도록 센세이를 설계했습니다. 어도비 센세이의 주요 기능 중 하나는 콘텐츠 지능(Content Intelligence)으로, 이를 통해 이미지 자동 태깅, 얼굴 인식 및 수정, 그리고 고객 행동 예측이 가능합니다. 또한 자동화된 마케팅 캠페인 기능을 통해 마케터는 실시간 고객 데이터를 기반으로 최적화된 마케팅 콘텐츠를 생성할 수 있습니다. 센세이는 개

어도비의 어도비 센세이

자료: 어도비 홈페이지[16]

인화된 고객 경험을 제공하기 위해 AI를 활용해 고객과의 상호작용을 실시간으로 분석하고 최적화하는 역할을 합니다.

성공적인 마케팅 사례 중 하나로 세계적인 스포츠 용품사 언더하머(Under Armour)가 어도비 센세이를 사용하여 개인 맞춤형 운동 추천 및 제품 제안 서비스를 제공한 것을 들 수 있습니다. 이를 통해 고객 참여도가 높아졌고, 브랜드 충성도를 강화하는 데 성공했으며, 전자상거래 매출을 15% 증가시키는 데 기여했습니다. 이와 같은 사례는 어도비 센세이가 마케팅 효율성을 극대화하고 기업의 디지털 전환을 지원하는 중요한 도구로 상당한 역할을 할 수 있음을 보여줍니다.

01

AI 챗봇을 이용한
고객 서비스

SALES WITH AI

AI 챗봇은 자연어 처리를 통해 사용자와 대화할 수 있는 컴퓨터 프로그램으로, 주로 고객 서비스, 정보 제공, 개인 비서 등 다양한 영역에서 사용됩니다. 기존 초기 형태의 챗봇은 사전에 정의된 규칙에 따라 단순히 질문에 답하거나 명령을 수행하는 수준이었으나, 생성형 AI의 도입으로 챗봇의 기술적 역량은 급격히 향상되었습니다. GPT-3와 같은 대형 언어 모델(Large Language Model, LLM)의 출현으로 AI는 인간처럼 자연스러운 대화를 나누고, 복잡한 질문에도 유의미한 답변을 제공할 수 있게 된 것입니다. 특히 2023년 이후로 AI 챗봇은 고객 서비스뿐만 아니라 마케팅, 교육,

의료, 금융 등 다양한 산업에서 중요한 역할을 하고 있습니다. AI 의 사용자 데이터를 학습하고 맞춤형 대응을 할 수 있는 능력 덕분에 챗봇은 단순한 기술적 도구를 넘어 기업의 전략적 자산으로 자리매김하고 있습니다.

대다수 전문가는 생성형 AI 챗봇의 미래를 매우 긍정적으로 전망하고 있습니다. AI 챗봇은 더욱 지능적이고 정교한 대화를 가능하게 할 뿐만 아니라 인간의 감정까지 이해하고 공감할 수 있는 영역으로 발전할 것으로 예상합니다. AI는 기존의 텍스트 기반 대화에서 벗어나 음성, 영상 등 다중 모달리티(Multi Modality)로 통합하여 사용자 경험을 향상시킬 것입니다. 또한 AI 챗봇의 발전은 기업들이 더 나은 고객 맞춤형 서비스를 제공하고, 비용을 절감하며, 데이터 분석을 통한 인사이트 도출로 경쟁력을 강화하는 데 기여할 것으로 보입니다. 다만 이와 더불어 개인정보 보호와 신뢰 구축 문제는 향후 선결해야 할 과제이기도 합니다. AI 챗봇의 성공적인 도입 사례와 이에 대한 마케팅 인사이트를 찾아보도록 하겠습니다.

1. 메타의 빌더봇

기존 챗봇은 주로 텍스트 기반으로 사용자와 상호작용하며, 정해진 규칙이나 답변을 제공하는 방식이었습니다. 그러나 메타

AI 프로젝트의 챗봇을 담당하는 '빌더봇(BuilderBot)'은 음성 명령을 기반으로 메타버스 내에서 다양한 객체를 생성하고 조작할 수 있는 기능을 제공합니다. 이 점에서 단순한 텍스트나 음성 대화에 국한되지 않고, 사용자가 실제로 가상공간에서 실시간으로 경험을 만들어나갈 수 있다는 점에서 기존 챗봇과 차별화됩니다. 빌더봇은 사용자로 하여금 메타버스 안에서 '가상 세계를 창조'하는 도구로 작용하며, 이를 통해 완전히 새로운 상호작용 방식을 제시합니다. 음성 명령을 통해 사용자 요구에 따라 메타버스 공간에 건물, 환경, 그리고 다양한 물체를 생성하는 등 사용자 주도적인 창조 경험을 가능하게 합니다. 이는 기존 챗봇과 달리 사용자가 정적 콘텐츠를 소비하는 것이 아니라 능동적으로 가상 세계를 확장해나가는 참여형 경험을 제공하는 점에서 차별화됩니다. 빌더봇 활용 프로세스는 다음과 같습니다.

1) 메타버스 플랫폼 접속

사용자는 메타의 메타버스 플랫폼인 호라이즌 월드(Horizon Worlds) 또는 유사한 가상 환경에 접속합니다. 이 플랫폼에서는 VR 헤드셋인 메타 퀘스트 2(Meta Quest 2) 등을 활용해 가상 세계에 몰입할 수 있습니다.

2) 음성 명령을 통해 객체 생성

고객은 메타버스 내에서 빌더봇을 활성화한 후 음성 명령을 사용해 가상공간을 구축할 수 있습니다. 예를 들어 사용자가 "해변을 만들어줘" 또는 "구름을 추가해줘"와 같은 명령을 내리면 빌더봇은 해당 객체를 즉시 생성합니다. 고객은 다양한 물체나 장면을 실시간으로 추가하거나 수정할 수 있으며, 이를 통해 자신만의 가상 세계를 창조합니다.

3) 추가적인 환경 맞춤화

생성된 환경을 추가로 세부 조정할 수도 있습니다. 예를 들어 생성된 해변에 더 구체적인 요구사항이 있을 경우, 사용자는 "해변에 피크닉 테이블을 추가해줘"와 같은 세부적인 명령을 통해 환경을 더욱 정교하게 꾸밀 수 있습니다. 빌더봇은 이러한 명령을 즉각 처리하여 가상공간을 고객이 원하는 대로 맞춤화합니다.

4) 협업 및 상호작용

사용자는 다른 사람들과 함께 협업하여 가상 세계를 구축할 수도 있습니다. 메타버스 내에서는 여러 명이 동시에 같은 공간에 참여해 음성 명령을 통해 공동으로 공간을 창조하거나 수정할 수 있으며, 이는 고객에게 보다 사회적이고 몰입감 있는 경험을 제공합니다.

빌더봇을 활용한 음성으로 가상공간 구축하기

자료: 유튜브[17]

　메타의 AI 챗봇 빌더봇 사례는 마케터들에게 AI 기반 마케팅의 새로운 가능성을 보여줍니다. 빌더봇은 음성 명령으로 사용자가 가상 환경을 창조할 수 있게 하여 소비자 참여를 증대시키고, 보다 창의적인 상호작용을 제공합니다. 이를 응용한다면 마케터들은 메타버스 공간 내 고객 맞춤형 경험을 극대화하고, 브랜드 스토리텔링을 혁신적으로 전개할 수 있습니다. 예를 들어 메타버스 공간 내 고객 아바타가 직접 홍보 매장을 만들어서 마케팅 활동에 기여하면 그 대가로 가상공간 및 가상화폐 거래소에서 교환 가능한 토큰(Token)을 지급하여 고객 충성도를 높일 수도 있습니다. 즉 고객이 브랜드와 상호작용하며 직접 콘텐츠를 제작하는 과정은 고객 충성도를 높이고, 브랜드와의 감성적 연결을 강화할 수 있는 중요한 기회를 제공합니다. 이처럼 AI 챗봇은 개인화된 경험 제공과 고객 참여를 강화하는 강력한 도구로 자리 잡고 있으며, 마케팅 전략을 창의적이고 인터랙티브한 방식으로 진화시킬 수 있는 가능성을 시사합니다.

VR-커머스 입장에서는 AI 챗봇 빌더봇을 통한 가상공간 속 나만의 가상 유니버스를 설계하는 것은 다양한 비즈니스 실험을 해볼 만한 기회이기도 합니다. 현업 공인중개사인 김 사장이 AI 챗봇 빌더봇에게 지시하여 가상의 공인중개사 사무실을 꾸미고, 전세 매물의 임장 동영상을 나만의 가상공간에서 내가 허락한 손님에게만 허용한다고 보면 새로운 고객을 개척하는 경쟁력 있는 비즈니스의 기회로도 발전시킬 수 있습니다.

2. 맥도날드의 AI 기반 음성 키오스크

맥도날드는 2021년 AI 기반 음성 인식 키오스크를 도입하면서 기존의 터치스크린 방식에서 한 단계 더 나아간 주문 시스템을 구현했습니다. 도입 초기에는 미국 시카고의 일부 매장을 중심으로 테스트가 진행되었으며, 음성 인식 기술을 통해 고객이 직접 음성으로 메뉴를 선택하고 주문할 수 있는 기능을 제공했습니다. 이 과정에서 '아프렌테(Apprente)'라는 음성 AI 스타트업 기업을 인수하면서 기술력이 강화되었고, 이를 바탕으로 맥도날드는 더욱 정교한 음성 인식 시스템을 개발할 역량을 갖추게 되었습니다. 음성 인식 시스템은 사용자가 메뉴를 음성으로 주문하면 키오스크가 이를 이해하고 적절한 옵션을 제안하는 방식으로 작동합니다.

현재 이 AI 음성 키오스크는 미국 내 여러 매장에서 사용되고 있으며, 고객들의 주문 경험을 크게 개선하고 있습니다. 특히 기술에 익숙하지 않은 고객이나 빠른 주문을 선호하는 고객들에게 좋은 반응을 얻고 있습니다. 소비자들은 음성 인식을 통해 메뉴를 선택하는 것이 매우 직관적이고 빠르다는 점에서 만족도를 표현하고 있으며, 언어 지원이 추가된 지역에서는 더욱 폭넓은 고객층이 이를 활용할 수 있게 되어 접근성도 크게 향상되었습니다. 다만 음성 인식 오류나 소음 환경에서의 성능 문제로 'AI 드라이브 스루 주문 시스템'이 철거하기도 하는 등 아직 시스템의 완전성 측면에서 진통도 일부 노출했으나, 지속적인 시스템 개선을 시도 중입니다. 국내에서도 시각장애인을 위한 음성 안내 키오스크가 전국 직영 매장에 도입되었는데, 미국 맥도날드에 이어 전 세계 중 두 번째이고, 국내 패스트푸드 업계에서는 최초의 사례입니다.

맥도날드는 생성형 AI를 도입하여 기존의 음성 인식 키오스크를 업그레이드할 계획입니다. 이 새로운 시스템은 구글 클라우드와의 협력을 통해 구현되며, 매장 내 키오스크뿐만 아니라 모바일 앱에도 적용될 예정입니다. 생성형 AI는 고객 주문의 정확성을 높이고, 음성 기반 주문 시스템을 더욱 자연스럽게 발전시킬 것입니다. 이를 통해 매장 운영의 복잡성을 줄이고, 직원들이 보다 효율

국내 맥도날드 매장의 장애인 이용
배려 키오스크

자료: 디저털데일리[18]

적으로 일할 수 있도록 돕는 것이
목표입니다. 맥도날드는 AI를 통
해 주문 처리뿐만 아니라 메뉴 추
천과 같은 맞춤형 경험을 제공하
여 고객 만족도를 더욱 높이겠다
는 계획입니다. 현재 이러한 시스
템은 주로 매장 운영을 최적화하
고 고객 경험을 향상시키는 데 중
점을 두고 있으며, 하드웨어와 소
프트웨어 업그레이드도 병행됩니
다. 이를 통해 맥도날드는 미래의 자동화된 주문 시스템을 강화하
고, 특히 드라이브 스루에서도 AI 기반 주문을 강화할 것으로 예
상합니다.

3. 심리상담 AI 챗봇의 성공 스토리, 워봇과 와이사

워봇(Woebot)은 미국에 본사를 둔 워봇헬스(Woebot Health)
가 개발한 AI 기반 심리상담 챗봇입니다. 워봇은 인지행동치료
(CBT) 기법을 바탕으로 사용자의 감정 상태를 인식하고 적절한
조언을 제공하며, 사용자의 심리 건강을 개선하는 데 도움을 줍
니다. 이 챗봇은 2017년에 처음 출시된 이후 전 세계적으로 수백

만 명의 사용자를 확보하며 상업
적으로 성공을 거두었습니다. 임
상 연구를 통해 워봇의 효과가 입
증되었으며, 사용자는 편리하게
감정 관리를 할 수 있다는 점에서
높은 만족도를 보였습니다. 팬데
믹 기간 동안 급증한 정신 건강 문
제에 대응해 FDA의 디지털 치료
제 지정을 받았고, 연구에서 사용

워봇 홍보 자료

자료: 워봇 홈페이지[19]

자와의 정서적 유대감 형성에 성공했다는 결과를 얻었습니다. 특
히 워봇은 사용자가 스스로의 감정을 기록하고 이를 분석해 맞춤
형 대화를 제공하는 기능으로 긍정적인 피드백을 받고 있습니다.

와이사(Wysa)는 인도에 본사를 둔 터치킨 e서비스(Touchkin
eServices)에서 개발한 심리상담 AI 챗봇입니다. 와이사는 감정 인
식, 인지행동치료, 마음챙김 등의 기법을 통해 불안, 스트레스, 우
울증 등을 관리하는 데 중점을 둔 서비스입니다. 2020년 팬데믹
기간 동안 사용자가 급증하며 상업적 성공을 거두었으며, 글로벌
사용자 수는 1,000만 명을 넘었습니다. 와이사는 특히 전문 심리
상담사와의 연결 기능도 제공해 사용자의 다양한 요구를 충족시
키며, 높은 만족도를 이끌어내고 있습니다. 사용자는 AI 상담과
인간 상담사를 병행할 수 있어 심리적 도움을 필요로 하는 상황에

서 보다 유연한 지원을 받을 수 있습니다. 미국 FDA의 혁신 기기 지정을 받아 상업적으로도 성공한 사례로 평가받고 있습니다.

4. 챗봇 제작 앱으로 나만의 챗봇을 만들어볼까

생성형 AI 도입 이후 챗봇 제작 앱의 성능도 크게 발전했습니다. 자연어 처리 기술이 발전하면서 챗봇은 더 자연스럽고 맥락을 이해하는 대화를 할 수 있게 되었습니다. 예를 들어 '다이얼로그 플로우'와 같은 플랫폼은 생성형 AI를 통해 사용자의 질문을 정확하게 파악하고, 맞춤형 답변을 제공할 수 있습니다. 또한 머신러닝 알고리즘은 데이터를 학습하여 시간이 지남에 따라 더 나은 응답을 생성할 수 있도록 도와줍니다. '매니챗'과 '챗퓨얼'은 이러한 AI 기능을 활용해 고객의 과거 행동을 분석하고, 이를 바탕으로 개인화된 대화를 제공합니다.

1) 매니챗(ManyChat)

페이스북 메신저와 인스타그램, 와츠앱(WhatsApp)을 중심으로 챗봇을 쉽게 구축할 수 있으며, 주로 마케팅 자동화와 고객 참여 증대를 목적으로 사용됩니다. 사용자 친화적인 인터페이스와 드래그 앤 드롭 방식으로 챗봇을 쉽게 디자인할 수 있습니다.

2) 다이얼로그플로우(Dialogflow)

구글이 제공하는 AI 기반 챗봇 플랫폼으로, 다양한 채널에 걸쳐 고급 대화형 인터페이스를 제공합니다. 자연어 처리 기능을 통해 사용자와 자연스러운 대화를 구현할 수 있으며, 여러 플랫폼과의 통합이 강점입니다.

3) 타스(Tars)

비즈니스 웹사이트에 대화형 랜딩 페이지를 만들어 리드 전환에 특화된 챗봇 플랫폼입니다. 코드 작성 없이 쉽게 챗봇을 구축할 수 있으며, 다채널 지원과 분석 도구가 포함되어 있습니다.

4) 챗퓨얼(Chatfuel)

페이스북 메신저용 챗봇을 쉽게 만들 수 있으며, 드래그 앤 드롭 방식으로 사용자가 코딩 없이 챗봇을 구축할 수 있습니다. 다양한 템플릿과 멀티미디어 기능도 제공하여 사용자가 직접 대화를 디자인할 수 있습니다.

5) 봇스타(BotStar)

개발자 친화적인 플랫폼으로, 다양한 고객 서비스 시나리오에 적합한 챗봇을 만들 수 있는 도구입니다. 사용자 인터페이스는 직관적이며 여러 플랫폼과 통합이 가능합니다.

02

검색 데이터로서의
AI 활용

SALES WITH AI

식당에서 밥을 먹거나, 공항에서 비행기를 기다리거나, 출퇴근하는 지하철에서 우리는 무엇을 제일 많이 하고 있을까요? 친구들을 만나면서도, 회의 시간에도 우리는 언제 어디서나 무엇을 하든 끊임없이 핸드폰을 만지고 있습니다. 그것도 검색을 하면서 말이죠. 대부분의 사람은 내가 검색하는 데이터가 어떻게 사용될 것인가에 대해 고민을 해본 적이 없을 것 같습니다. 저도 전 직장에서 화장품 브랜드를 론칭하기 위해 검색어 데이터를 활용하기 전까지는 그랬었으니까요.

그럼 2018년에 검색어 데이터를 처음 접하게 된 이야기부터 시작해보겠습니다. 그때 제가 다니던 회사는 패션 회사였습니다. 그 당시는 사업 다각화를 위해 많은 곳이 다양한 사업들로 진출을 하던 시기였습니다. 회사의 브랜드 자산을 활용하면서 투자가 적게 들어가고, 회사에서 보유한 유통망을 쉽게 활용할 수 있는 곳이 뷰티라고 판단했던 것 같습니다. 회사는 뷰티 사업을 시작합니다. 그리고 멤버들이 합류하고 어떤 상품을 론칭할지 고민하는 시점이 되었습니다.

필자는 늘 새로운 것에 관심을 많이 갖고 도전하는 편입니다. 그래서 리서치, 광고, 디지털 등 새로운 방식이 생기면 항상 새로운 도전을 해보았습니다. 이때에는 아무도 하지 않았던 검색 데이터, 즉 빅데이터를 활용해서 상품 기획의 인사이트를 얻는 것이 좋을 것 같다는 생각을 했고, 그 당시 이쪽 영역의 전문가분들을 찾기 시작했습니다. 삼성에 다니는 친구의 도움을 받아서 삼성전자의 글로벌 검색 데이터를 분석했던 분들을 만나뵐 수 있었습니다. 2018년만 해도 검색어 데이터에 대한 관심이 크지 않았던 시기였기 때문에 내부 설득하느라 시간은 좀 걸렸지만 다행히 신규 론칭하는 남성 화장품의 프로젝트를 '어센트코리아'와 함께 진행할 수 있었습니다. 검색 데이터는 지금도 그렇지만 매우 신비한 영역이었습니다. 2018년 당시 남성 화장품에 대한 구글, 네이버의 검색 데이터를 모두 모아 분석을 진행하면서 우리가 생각하지 못했던 것들을 발견하게 되었습니다.

남성들이 화장품 검색을 하면서 가장 많이 검색하는 키워드가 무엇일까요? 정답은 '향'이었습니다. 물론 연령대별로 그룹핑을 해보면 약간의 그룹별로 향에 대한 검색 비중은 차이가 났지만 거의 모든 남성은 화장품에서 가장 중요한 것을 향으로 생각했습니다. 더 특이했던 것은 남성들이 바르기 때문에 남성들이 좋아하는 향기에 대한 관심이 높을 것으로 예상이 되었지만, 검색어 데이터 분석 결과 남성들이 좋아하는 향이 아닌 '여자들이 좋아하는 남자향수' 키워드가 매우 높은 비중으로 나왔던 겁니다. 그리고 남성들은 생각보다 화장품 바르는 것을 귀찮아합니다. 저희 집에도 그런 분이 계시지만, 생각보다 여러 단계로 바르는 것을 좋아하지 않습니다. 그 당시 유명한 리서치 회사들이 발간한 트렌드 리포트를 보면, 남성 그루밍 시장이 뜨고 있고 남성 화장품 시장도 점점 세분화될 것이라고 전망했습니다.

그런데 그 당시 검색 데이터는 단호하게 그루밍 시장이 뜬다고 해서 여성과 비슷하게 화장품을 기획하면 안 된다고 말해주었습니다. 검색 데이터를 통해 중요하게 나왔던 요소인 '향'에 대한 부분은 조말론의 조향사가 만든 향이 들어갔다는 것을 메인 커뮤니케이션 방향을 도출하는 데 큰 역할을 했으며, 남성들의 귀차니즘을 고려하여 올인원썬이라는 제품을 출시하게 되었습니다. 올인원썬은 스킨로션과 선크림이 결합된 제품으로 아침에 이거 하나만 바르면 모든 게 해결되는 남성들에게 가장 바람직한 화장품이 되

2018년 구글과 네이버 검색어로 그룹핑한 남성 화장품 시장

남성 화장품 제품군 검색량 Top 10(전체 검색량의 46.67%를 차지) (2018년 4월 기준)

제품군	검색량	키워드
향수 제품	276,730(10.15%)	남자향수, 여자가 좋아하는 남자향수
메이크업 제품	187,110(6.87%)	남자 비비크림, 남자 컨실러
올인원	173,620(6.37%)	남자 올인원, 남자 올인원 순위
스킨로션*	146,810(6.37%)	남자스킨로션, 남자 지성 피부 스킨로션
선 제품	120,160(4.40%)	남자 선크림, 남자 선스틱
로션 제품	70,930(2.81%)	남자 로션, 랩시리즈 워터로션
헤어 제품	67,960(2.69%)	남성 탈모 샴푸, 남성 탈모 방지 샴푸
크림 제품	50,650(2.00%)	남자 수분크림, 남자 톤업크림
쉐이빙품 제품	45,150(1.79%)	쉐이빙크림, 면도크림
바디 제품	39,410(1.56%)	남자스킨, 남자스킨 추천

* '스킨로션' 키워드는 스킨과 로션을 한 번에 검색하는 니즈도 집계되어 '스킨로션' 제품군이라고 특정할 수 없음.

피부 고민 / 기능별 검색량

피부 고민	검색량
냄새/향	249,630
자외선 차단	124,850
수분&보습&진정	63,260
미백	48,590
트러블	23,250
주름&탄력	17,810
탈모	17,210
면도트러블	11,360
피부 정화	6,610
유분 조절	3,240

피부 고민 / 기능 분류 테마	샘플 키워드
냄새/향 249,630	남자향수, 여자가좋아하는남자향수
자외선 차단	남자선크림, 남자선크림추천
수분&보습&진정	남자수분크림, 남자수분크림추천
미백	남자피부하얘지는법, 남자미백크림
트러블	남자여드름화장품, 남자여드름스킨로션
주름&탄력	남자팔자주름, 남자모공축소
탈모	남성탈모샴푸, 남성탈모방지샴푸
면도 터러블	면도트러블, 면도독, 면도상처
피부 정화	남자블랙헤드, 남자피지, 남자각질제거
유분 조절	남자개기름, 랩시리즈 오일컨트롤

자료: 어센트코리아

2024년 남자 선크림 검색 데이터

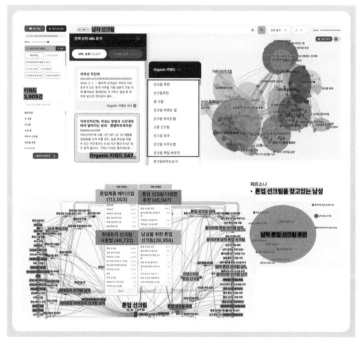

자료: 어센트코리아, 리스닝마인드 허블

었습니다. 결국 남성 화장품 시장에서 처음 시도하는 제품이었지만, 그 당시 히트 상품이 되었습니다.

그렇다면 AI가 탑재된 검색 데이터는 어떤 모습으로 변화가 되었을까요? 최근에 업데이트된 시장의 흐름, 전체 트렌드를 보는 것이 훨씬 좋아졌습니다. 예전에 상품 기획할 때를 생각해보면, 트렌드를 서치하기 위해 출장을 가거나 인터넷을 뒤지거나 소비자들 대상으로 리서치를 합니다. 그리고 거기에서 언메트 니즈를 찾아내 상품기획서를 작성하고 디자인, R&D 부서와 협업하여 상품을 출시합니다. 물론 커뮤니케이션에 대해서도 사전에 협의하며 출시와 동시에 이 제품의 USP가 무엇인지, 또 어떻게 소구해야 하는지에 대한 전략 및 크리에이티브가 나옵니다. 이제는 검색 데이터를 통해 트레드 서치를 위해 출장을 가거나, 인터넷을 뒤지거나, 리서치를 할 필요가 없어졌습니다.

요즘 젠지들 사이에서 '요아정'이라고 불리는 단어가 있습니다. 요아정은 요거트 아이스크림의 정석의 줄임말입니다. 예전 제가 대학 다니던 시절 유행했던 아이스크림 빙수, 레드망고 요거트 아이스크림과 비슷한 느낌인 것 같습니다. 신선하고 상큼한 요거트 아이스크림에 다양한 토핑을 선택할 수 있는 개인화 마케팅이 20년 전에도 분명히 유행을 했었는데, 정말 유행은 돌고 도는 것 같습니다. 건강과 다이어트를 고려하면서 다양한 맛을 즐길 수 있고, SNS에서 예쁜 이미지를 마구 공급할 수 있기 때문에 인기가 식지 않은 것 같습니다. 게다가 많은 인플루언서도 여기에 많은 인

'요아정' 검색량 변화

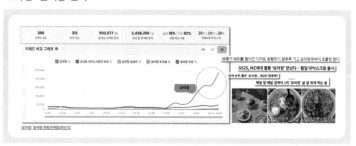

자료: 인텐트 파인더

풋을 주고 있습니다. 그래서 '요아정'으로 검색어 데이터들이 어떻게 움직였는지를 확인해보았습니다. 앞의 그래프에서 보시는 것처럼 요아정은 2023년 10월부터 현재까지 가파른 기울기의 그래프를 보이며 폭발적인 검색량을 보여주고 있습니다.

이 검색량을 연령대로 분류해서 보면 더 재미있는 결과를 확인할 수 있습니다. 먼저 20대의 경우에는 칼로리, 초코쉘, 조합, 추천, 메뉴와 같이 실제 디저트를 어떻게 하면 맛있게 먹을 수 있는지에 초점이 맞춰져 있습니다. 아무래도 외모에 가장 관심을 많이 갖는 나이대이다 보니 칼로리에 대한 검색도 많이 하고 있음을 알 수 있습니다. 10대는 가격, 쿠폰, 양, 메뉴에 관심이 많습니다. 아무래도

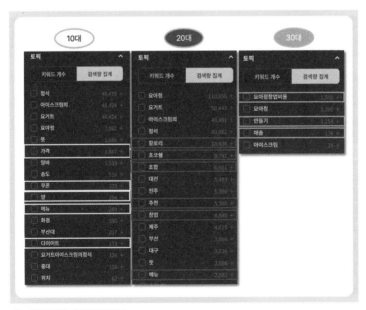

자료: 어센트코리아, 리스닝마인드 허블

요아정 이전/이후의 검색 경로

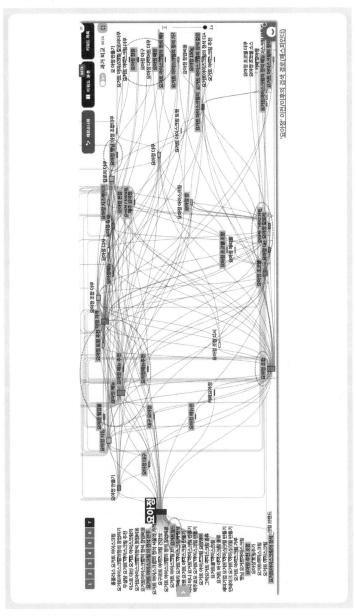

자료: 어센트코리아, 리스닝마인드 허블

용돈으로 요아정을 즐겨야 하는 연령대이다 보니 가격에 민감해하는 것을 확인할 수 있습니다. 마지막으로 30대는 창업비용, 매출에 대한 검색을 많이 하는 것으로 보아, 요아정을 창업 아이템으로서 관심을 갖고 있다는 것을 확인할 수 있습니다.

요아정을 검색하는 고객들이 요아정을 검색하기 이전과 이후에 어떤 검색어를 사용하는지를 확인해보겠습니다. 다음 하이라이트 된 부분들이 실제 고객들이 요아정을 전후로 많이 검색한 주요 키워드들입니다. 메뉴 추천, 칼로리, 인플루언서 등이 주요 키워드에 등장합니다. 이 전후 고객들의 검색을 활용하면 우리는 좀 더 고객들에게 가까이 다가갈 수 있는, 그리고 효율적인 마케팅을 할 수 있습니다. 칼로리에 대한 부분을 안심시켜주는 문구나, 새로운 추천 메뉴를 SNS에 지속적으로 업데이트해주는 콘텐츠 마케팅, 그리고 인플루언서를 활용한 마케팅 전략이 쉽게 나올 수 있을 것 같습니다. 새롭게 사업을 시작하는 분들이나 기업에서 마케팅을 하는 마케터들이 이런 데이터를 참조해서 마케팅을 한다면 좀 더 실패 없는 마케팅을 할 수 있지 않을까요?

제가 요즘 가장 관심 있는 분야인 대치동 영어학원으로 검색어를 넣고 데이터 분석을 해보았습니다. 강남 초등 영어학원 추천 키워드는 약 3만 8,000개로 생각보다 검색량이 많지는 않았습니다. 여기에서 주의 깊게 보아야 할 것은 대치동 영어학원 추천이라는 키워드를 검색하기 전에 사람들이 어떤 연관 키워드를 같이 보

'대치동 영어학원 추천'이라는 키워드를 통해 사람들이 많이 검색하는 학원이 어떤 학원인지, 그리고 이와 연관된 키워드들이 무엇인지를 살펴볼 수 있다. AI를 통한 클러스터 리뷰를 통해서는 초등 영어에 관심이 있는 사람에게 학원 측에서는 어떤 방식으로 커뮤니케이션을 접근하면 좋을지에 대한 모멘트들을 얻을 수 있다.

자료: 어센트코리아, 리스닝마인드 허블

았는지와, 이를 통해 각 그룹별로 페르소나를 GPT 리뷰를 통해 쉽게 분석해볼 수 있다는 점입니다. 과거에는 세그먼트를 나누거나 페르소나를 작업하는 데 많은 마케터의 노동력이 들어갔기 때문에 마케팅의 핵심 타깃(Core Target) 층을 선정해서 그에 맞는 마케팅을 주로 해왔습니다. 이젠 AI가 쉽게 분석을 해주기 때문에 각 그룹별로 정교하게 타깃팅을 하고 각자 세그먼트에 알맞은 모멘트들을 만들어 커뮤니케이션을 할 수 있게 되었습니다. 초개인화 마케팅은 이제부터 시작이고, AI가 있으면 이제 모두가 마케팅에 도전할 수 있는 시대가 되고 있습니다.

각 세그먼트별로 알맞은 모멘트가 중요한지에 대해 이야기해 보겠습니다. 1886년 미국 조지아주 애틀랜타에서 약사 존 펨버턴

검색 데이터를 통한 원두 시장 사이즈 파악

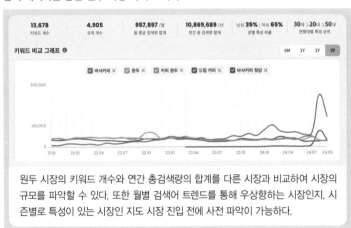

원두 시장의 키워드 개수와 연간 총검색량의 합계를 다른 시장과 비교하여 시장의 규모를 파악할 수 있다. 또한 월별 검색어 트렌드를 통해 우상향하는 시장인지, 시즌별로 특성이 있는 시장인 지도 시장 진입 전에 사전 파악이 가능하다.

자료: 어센트코리아

(John Pemberton)에 의해 소화 불량과 두통을 완화하는 데 도움을 주기 위해 개발된 코카콜라는 처음에 약국에서만 판매되던 제품이었습니다. 이후 기업가 아사 캔들러(Asa Candler)가 대규모 마케팅을 통해 전 세계적인 음료 브랜드로 사업을 키우게 됩니다. 현재 코카콜라는 세계적인 음료 브랜드로 자리 잡고 있으며, 다양한 제품 라인과 함께 글로벌 시장에서 큰 성공을 거두고 있습니다. 소화제였던 코카콜라의 성공에 크게 기여한 요소 중 하나는 모멘트를 활용한 광고였습니다. 코카콜라는 영리하게도 사람들이 음료가 필요할 때나 장을 볼 때, 그리고 특별한 날에 코카콜라를 쉽게 떠올리게 했습니다.

다음 댄 화이트(Dan White)의 코카콜라 모멘트 예시는 코카

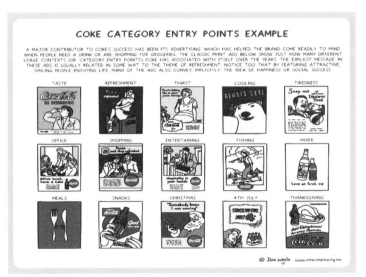

자료: 댄 브라운의 Smart Marketing 홈페이지

콜라가 오랜 시간 동안 얼마나 많은 다양한 사용 모멘트(CEP 카테고리 진입점)를 자사 브랜드와 연관시켜왔는지를 보여줍니다. 이 광고들에서 명시적인 메시지는 대개 '상쾌함'이라는 주제와 관련이 있습니다. 또한 해변에서 놀다가, 혹은 추수감사절과 같이 특별한 날에 코카콜라를 통해 인생을 즐기는 모습이 등장함으로써 '행복'의 의미를 전달하고 있습니다. 이제는 이런 모멘트들을 검색 데이터로 분석하여 만들 수 있는 시대가 되었습니다. 앞으로 코카콜라의 모멘트는 어떻게 진화할까요?

검색어 데이터는 검색하는 사람의 '인텐트(Intent)', 즉 검색한 의도 파악을 통해 시장의 가능성을 예측하거나 우리가 몰랐던 사람들의 니즈를 파악하는 데 도움이 됩니다. 그리고 검색 데이터는 전수 데이터이기 때문에 지표를 개발하고 해석하기 위한 불필요한 주관이 개입되지 않는다는 점이 가장 강점으로 꼽힙니다. 소셜 데이터 감정, 즉 정서, 체험, 기분, 느낌, 감각 그리고 의견, 생각, 인상, 반응을 주로 표현하는 데이터들로 구성되어 있습니다. 반면 검색 데이터는 욕구, 바람, 추구, 갈망, 걱정, 과제, 우려 등을 나타냅니다. 따라서 저 수면 아래 있는 사람들의 생각을 알아보기 위해서는 소셜 데이터만으로는 한계가 있기 때문에 소셜 데이터와 검색 데이터를 함께 보아야 한다고 생각합니다.

그리고 AI가 탑재된 검색 데이터는 빠르게 확인 및 분석이 가능하기 때문에 즉각적인 캠페인이나 프로모션 피드백에 효과적이고, 전환율 또한 높여줄 수 있습니다. 예를 들어 여름과 겨울의 검색량이 다르면 이 업계는 시즌성이 있음을 알 수 있고, 검색어의 볼륨을 통해 시장의 사이징을 알 수도 있습니다. 그리고 브랜드명부터 검색을 하는지, 아니면 자연 검색어가 더 많은지에 따라 목적 구매를 하는 시장인지 아닌지도 파악이 가능합니다. 마지막으로 상업용 검색 의도가 보인다면 기존 B2C 시장에서 B2B 시장으로의 사업 다각화도 고려해볼 수 있습니다.

자료: 어센트코리아

03

소셜 미디어에서
AI 활용

누구나 한 번쯤은 나도 인플루언서가 되어 라이브 방송도 하고, 또 공동구매도 하고 유튜브 콘텐츠의 광고 수익을 받고 싶다는 생각을 해본 적이 있을 것 같습니다. 마케터의 특성상 이런 분들과 접촉하고 또 라이브 방송이나 콘텐츠를 제작할 일이 많아서인지 저도 이런 꿈을 가끔씩, 그리고 아직도 꾸고 있습니다. 지금의 디지털 환경은 거액의 TV 광고로 브랜딩을 하는 시대가 아니라 SNS로 자발적으로 팬덤을 확산시키고 소비자의 자발적인 선택으로 브랜드가 각인되는 시대로 변화했습니다. 이 디지털 세대들은 방송이라는 푸시(Push) 방식에 끌려다니지 않고 스스로 팬덤을 형성해서 권력을 행사하는 풀(Pull) 방식에 익숙합니다. 그렇기 때문에 SNS 마케팅의 인기가 식지 않고 계속되는 것 같습니다. SNS 마케팅으로 좋은 제품을 소개하고, 또 좋은 서비스를 만들고 거기에 리뷰를 달고 이렇게 선순환 구조를 가져가게 되면 모두가 꿈꾸는 나도 인플루언서가 될 수 있겠지만, 안타깝게도 현실은 모두에게 이런 기회를 주지는 않습니다.

가끔 비즈니스를 하시는 분들이 어떻게 하면 한 방에 혹 브랜딩을 할 수 있을지, 예산을 들이지 않고 마케팅을 할 수 있을지 질문하시는 경우들이 종종 있습니다. 이 세상에 그런 마케팅 방법은 절대 없습니다. 만약 그런 방법이 있었다면, 필자는 이미 수백억 자산가 반열에 올랐어야 하고, 우리 모두가 사업하고 모두가 성공하는 세상이 되었겠지요. 안타깝게도 현실은 냉혹합니다. 다만 데이터가 충분히 확보되어 있고, 이 데이터들을 제대로 활용한다면 좀 더 정확한, 좀 더 효율적인 마케팅을 할 수 있습니다. 이게 제가 그분들께 드리는 답변입니다.

또 다른 질문이 있습니다. "인플루언서 마케팅이 요즘 활발한데, 인플루언서 마케팅을 하면 매출이 오를까요?"라는 질문입니다. 안타깝게도 이 질문에 대해서도 필자는 "아니오"라고 단호하게 답변을 드립니다. 인플루언서 마케팅을 해서 효율이 날 때도 있고 나지 않을 때도 있습니다. 제품과 인플루언서의 스토리가 공감이 잘 가도록 매칭이 되거나 브랜드와 해당 인플루언서와 여

자료: 슬로거(@seuloger) 인플루언서 인스타그램 계정

러 차례 협업을 통해 데이터가 확보된 경우에는 매출을 기대하는 마케팅을 할 수 있지만, 유명 인플루언서와 협업을 했다고 해서 ROAS(Return On Ad Spend, 광고 수익률)가 보장되는 캠페인이 되지는 않습니다.

그리고 제가 많이 받는 질문 중 하나는 SNS를 어떻게 활성화하느냐입니다. SNS는 단순히 공식 계정을 만들고 예쁜 사진을 올린다고 활성화되지 않습니다. 이미 SNS에는 수많은 공식 오피셜 계정들을 통해 수많은 브랜드가 쏟아내는 콘텐츠들과 인플루언서들이 생산해내는 콘텐츠로 가득합니다. SNS는 처음 시작하는 분들이 쉽게 접근할 수는 있지만 쉽게 성공하기에는 힘든 곳이기도 합니다. 요즘 소셜 미디어는 디지털 마케팅에 많이 쓰이는 트리플 미디어 전략을 통해 온드 미디어, 언드 미디어, 페이드 미디어,

이렇게 세 가지 역할을 맡고 있는 계정들의 시너지 효과를 만들어 내야 합니다. 그럼 트리플 미디어 각각의 시너지 역할들을 설명해 드리겠습니다.

온드 미디어(Owned Media)는 자사 및 경쟁사 콘텐츠 트래킹을 통해 고객 활동 정보를 획득할 수 있는 주요 채널로 정의할 수 있으며, 언드 미디어(Earned Media)는 브랜드에 맞는 인플루언서 콘텐츠 제작 및 릴리즈를 할 수 있고 해시태그를 통해 데이터를 확보 할 수 있습니다. 마지막으로 페이드 미디어(Paid Media)는 콘텐츠로서 퍼포먼스 광고 집행 및 성과 측정의 중요한 역할을 하고 있습니다. 이렇게 SNS는 세 가지 다른 역할을 수행하기 때문에 이 다른 데이터를 연결해서 보는 것이 중요합니다. 특히 많은 회사의 마케팅 부서를 들여다보면 온드 미디어는 SNS 팀에서, 언드 미디어는 브랜드 마케팅 팀에서, 페이드는 퍼포먼스 마케팅 팀에서 각각 진행하는 경우를 볼 수 있습니다. 언드, 온드, 페이드는 각기 다른 성격을 띠고 있지만 유기적으로 결합하여 움직일 때 마케팅 비용 대비 가장 높은 효율을 볼 수 있습니다. 따라서 각기 다른 부서에서 각자 맡은 업무를 하더라도 이 업무들이 유기적으로 연결하여 움직일 수 있도록 리드해주는 것이 정말 중요합니다.

이미 우리나라와 해외에는 소셜 미디어의 데이터를 분석하여 브랜드와 가장 잘 맞는 인플루언서를 식별하여 매칭해주고, 인플루언서의 영향력, 도달 범위, 타깃 고객을 분석해주는 훌륭한 플

데이터 분석을 통한 트리플 미디어(Owned, Earned, Paid) 활용

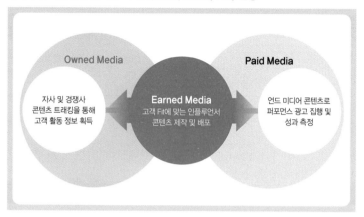

자료: 피처링 COO 한수연 님

랫폼들이 많이 있습니다. 인플루언서 마케팅의 중요성 때문에 한때 우리나라와 해외에서 인플루언서와 SNS를 분석하는 많은 전문가들을 만나러 다닌 적이 있습니다. 이렇게 여러 곳을 미팅하다가 만나게 된 곳이 피처링이라는 플랫폼입니다. 필자는 예전 회사 3곳에서 피처링과 협업해서 인플루언서와 함께 제품을 직접 판매해보기도 하고, SNS 계정의 데이터 분석을 통해 인게이지먼트를 높여보기도 하고, 그 외 업계에서 하지 않았던 다양한 최초 마케팅 시도를 해보았습니다. 프로젝트들은 데이터를 기반으로 했기 때문에 대부분 성공했고, 내부 설득도 매우 쉬웠습니다. 그런데 이런 인플루언서 마케팅은 대기업뿐만 아니라 새로 사업을 시작하는 분들이나 스타트업에도 많은 도움을 줄 수 있습니다. 막상 데이터를 어디에서부터 봐야 할지, 그리고 무슨 데이터를 봐야 할지 고

패션 관련 키워드 상위 노출 콘텐츠 점유율

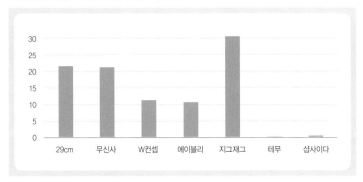

자료: 2024년 9월 피처링 트렌드 리포트 – 패션

민하시는 분들이 계신다면 가장 우리 생활에 들어와 있는 SNS 데이터를 먼저 들여다보라고 추천해드리고 싶습니다.

　그럼 앞으로 AI 시대의 소셜 미디어는 어떻게 발전될까요? AI 시대의 소셜 미디어는 다양한 방식으로 발전할 가능성이 큽니다. 이미 지금도 그렇지만 AI가 탑재된 SNS는 사용자 데이터를 분석하여 개인의 취향과 관심사에 맞춘 콘텐츠를 좀 더 세밀하게 제공할 것입니다. 지금보다 훨씬 업데이트된 추천 알고리즘, 맞춤형 광고, 개인화된 피드가 앞으로 기대됩니다. 또한 AI를 탑재한 SNS는 자동으로 글, 이미지, 비디오 등을 생성할 수 있어 사용자들이 더 쉽게 콘텐츠를 만들고 공유할 수 있게 될 것입니다. 콘텐츠 제작이 힘들었던 사람들도 SNS를 쉽게 할 수 있을 것이고, 품질 높은 콘텐츠를 자동으로 추천하거나 부적절한 콘텐츠를 필터링하는 기능도 향상되어 현재 SNS가 가진 문제점도 어느 정도는 해소될 것 같습니다. 그리고 AI와 결합된 VR 및 AR 기술을 통해 소셜 미디어에서 더욱 몰입감 있는 경험을 제공할 수 있습니다. 예를 들어 가상현실 속에서 친구들과 만나는 것과 같은 새로운 형태의 소셜 상호작용이 가능해질 것입니다.

마케터들은 자신들이 하고 있는 캠페인 성과에 대해 늘 초조한 마음의 성적표를 기다리듯 결과를 기다려왔습니다. 이제는 기술이 진화하여 캠페인에 대한 결과값들을 빠르게 확인할 수 있습니다. 예를 들어 커머스에서 일하는 사람들은 본인들이 오픈한 기획전의 유입, 신규 가입, 앱 푸시 오픈율, 광고 ROAS, 실시간 매출 등의 다양한 지표로 자신의 캠페인 성적을 확인할 수 있습니다. 커머스는 데이터가 많이 확보되어 있으니 이렇게 확인할 수 있는데, 그렇지 않은 산업이나 작은 규모의 회사들은 어떻게 캠페인 성과를 쉽게 측정할 수 있을까요?

이제 SNS의 데이터는 사람들의 감정을 분석해 브랜드에 대한 긍정 또는 부정적인 감정을 갖고 있는지 모니터링할 수 있게 되었습니다. 결국 브랜드 입장에서는 실시간으로 내가 진행하고 있는 캠페인에 대한 고객 반응을 모니터링하고, 이에 맞는 적절한 피드백을 전달해 커뮤니케이션을 강화하거나 적절한 대응 전략을 수립해 캠페인이 성공하는 데 일조할 수 있습니다. SNS 데이터와 AI가 만나면 데이터 분석의 범위는 더 깊고 넓어집니다. 간단히 우리가 어디까지 SNS 데이터를 분석해서 볼 수 있는지 살펴보겠습니다.

피처링 대시보드 주요 화면 1: 인플루언서 브랜드 협찬 광고 콘텐츠 댓글 분석

피처링 대시보드 주요 화면 2: 브랜드 자사 오피셜에서 발행한 콘텐츠 반응 분석

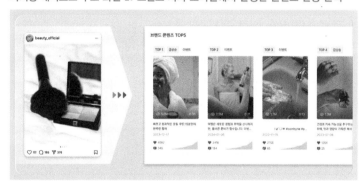

피처링 대시보드 주요 화면 3: 브랜드 자사 오피셜을 태깅한 콘텐츠 분석

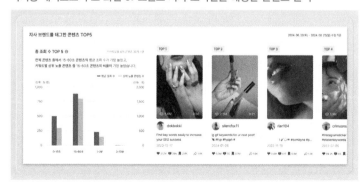

개인정보 보호 이슈로 인해 퍼스트파티 데이터의 중요성이 날로 중요해지는 요즘 많은 분이 자사의 고객 데이터를 활용해 퍼스트파티 데이터를 확보하는 것에 집중하고 있습니다. 그런데 우리가 자주 사용하는 SNS를 통해서도 퍼스트파티 데이터를 확보할 수 있습니다. 예를 들어 해시태그 중에서 자사의 해시태그, 즉 자사 콘텐츠 키워드가 얼마나 많은 비중을 차지하는지를 보면 자사 콘텐츠 점유율 분석을 할 수 있습니다. 우리가 사이트 노출을 상단에 하기 위해 늘 관심 가져야 하는 검색 엔진 최적화(SEO)도 이를 활용하면 더 효율적으로 됩니다.

또한 타사 브랜드 태깅, SNS에 노출된 위치를 통해 해당 브랜드에 대한 고객들의 관심사 데이터를 활용해 신규 고객을 타깃팅하여 광고의 적중률을 높이는 데 활용하거나, 콜라보레이션 브랜드 선정 시에도 도움을 줄 수 있습니다. 물론 신규로 시장에 진입하는 사업자의 경우에는 내가 벤치마킹 상대로 생각하고 있는 브랜드 계정의 데이터를 분석하여 마케팅 전략 수립에 활용할 수도 있습니다. 예를 들어 신규 화장품 브랜드를 론칭한다고 가정해보겠습니다. 립틴트 시장에 들어간다고 한다면, 립틴트로 유명한 브랜드들의 계정에서 이슈가 되고 있는 이미지, 문구들을 SNS 데이터를 통해 파악할 수 있습니다. "지피지기면 백전백승"이라는 말처럼, 우리가 싸워야 할 상대를 제대로 알아야 정확하게 공격할 수 있습니다. 한정된 자원으로 가장 효율적으로 상대의 빈 곳이나

기업 SNS를 활용한 퍼스트파티 쿠키 활용 사례: 립틴트 키워드 트래킹

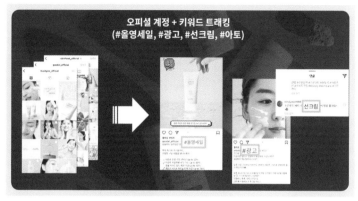

자료: 피처링

약점을 보완하여 파고드는 것이 가장 좋은 전략이 아닐까요?

SNS는 이미 많은 측면에서 검색 엔진처럼 작동하고 있습니다. 사용자들은 특정 주제나 키워드로 콘텐츠를 검색하고, 해시태그를 사용하여 관련된 게시물을 찾습니다. 예를 들어 도산공원의 맛집을 찾는다고 생각해보겠습니다. 예전 같았으면 네이버를 먼저 찾아 블로그를 보겠지만, 지금은 인스타그램에서 해시태그로 검색을 하거나 유튜브로 영상을 보면서 맛집을 찾습니다. 이렇다 보니 SNS는 사용자들의 관심사와 행동을 바탕으로 맞춤형 콘텐츠를 제공하기 때문에 검색 엔진의 기능을 어느 정도 수행하고 있다고 볼 수 있습니다. SNS의 검색 엔진화 가능성은 여러 가지로 볼 수 있습니다. 먼저 방대한 데이터와 콘텐츠는 검색 엔진으로서의 기능을 강화하는 데 큰 자산이 됩니다. 또한 실시간으로 유저

들의 자발적인 업데이트로 다양한 정보를 제공함으로써 최신 트렌드나 뉴스를 검색하는 데 유리합니다. 사용자 맞춤형 검색 결과를 제공할 수 있는 점도 검색의 정확성과 관련성을 높이는 데 도움이 됩니다.

하지만 이러한 가능성을 실현하기 위해서는 몇 가지 고려해야 할 사항들이 있습니다. 우선 사용자들의 자발적인 생성 콘텐츠의 특성상 검색 결과의 정확성과 품질을 유지하는 데 어려움이 있을 수 있습니다. 예를 들어 유튜브를 통해 A 연예인과 B 연예인이 결별했다더라와 같이 사실이 아닌 내용들이 많이 포함될 수 있어, 이런 스팸이나 부정확한 정보가 포함될 가능성이 높기 때문입니다. 또한 검색 엔진으로서의 기능을 강화하려면 유저들의 데이터의 프라이버시와 보안 문제가 더욱 중요해집니다. 이를 적절히 관리하지 않으면 유저들의 신뢰를 잃을 수 있습니다.

마지막으로 기존의 강력한 검색 엔진들과의 경쟁도 큰 부담이 됩니다. 구글과 같은 기업과 경쟁하기 위해서는 차별화된 기능과 서비스가 필요합니다. 결론적으로 SNS가 검색 엔진화될 가능성은 충분히 있지만 이를 구현하기 위해서는 여러 도전 과제를 해결해야 합니다. 검색 기능을 강화하는 것은 사용자 경험을 향상시키고 더 많은 트래픽을 유도할 수 있는 좋은 방법이 될 수 있습니다. SNS가 이 방향으로 발전할지, 그리고 얼마나 성공적으로 구현할지 앞으로의 미래가 기대됩니다.

04

AI와 콘텐츠

요즘 AI에 관한 툴들을 다루는 채널이 많아지고 있습니다. 그리고 많은 채널에서 어떤 툴들에 대해 쉽게 배울 수 있도록 설명을 해주고 있습니다. 필자는 특정 툴을 소개하기보다는 콘텐츠 관점에서 어떠한 툴을 써서 어떤 아웃풋을 만들어내는 것이 좋을지에 대해 이야기해보겠습니다. 대표적인 인공지능 챗봇인 챗GPT는 콘텐츠 생성, 데이터 분석, 트렌드 분석 및 예측으로 마케터의 수고를 줄여줄 수 있습니다. 특히 글로벌 영역 콘텐츠에 대한 카피 구성, 경쟁사 리서치 및 동향 파악에도 많은 도움이 됩니다. 그중에서 콘텐츠 생성에 대한 부분, 제품 이미지 생성에 대해 살펴보겠습니다.

　AI 툴들로 이미지를 그려보신 분들은 눈치를 채셨겠지만 이미
지 작업을 할 때에는 아주 새로운 이미지가 필요할 때도 있고, 어
떤 때에는 특정한 사물의 형태나 구조 등을 바꾸지 않는 이미지

'플라스틱 박스' 프롬프트를 통해 생성한 이미지

자료: W camp

견본 이미지와 함께 '플라스틱 박스' 프롬프트를 통해 생성한 이미지

자료: W camp

생성이 필요할 때도 있습니다. 요즘 핫한 미드저니의 AI 이미지 생성은 높은 퀄리티를 보장합니다. 그런데 이 높은 퀄리티 뒷면에 숨어 있는 약점이 있습니다. 상품이나 서비스의 이미지 본연의 모습을 유지하는 것이 어렵다는 점입니다. 미드저니사의 이미지 생성 방식은 프롬프트를 메신저로 전달하여 생성하는 방식으로 프롬프트 전달 과정에서 필요한 이미지를 참조할 수는 있으나, 미드저니만의 이미지 생성 메커니즘 특성상 원래 형태가 남아 있을 수 없습니다.

미드저니사 외에 널리 쓰이는 AI 이미지 생성 방식으로 스테이블 디퓨전이라는 알고리즘이 있습니다. 스테이블 디퓨전은 이미지 원형을 보존한 채 이미지를 생성하거나 수정이 가능하기 때문에 위에서 보여드린 그림들의 문제를 해결할 수 있습니다. 스테이블 디퓨전의 알고리즘에서 생성된 이미지의 퀄리티와 스타일을 결정하는 데 있어서 가장 중요한 것이 모델과 체크 포인트입니다. 이 부분을 어떻게 선택하느냐에 따라서 스타일이 크게 달라지기도 합니다.

국내외 구현되어 있는 스테이블 디퓨전 모델은 대부분이 인물 생성을 위주로 만들어져 있으며, 자연물, 실내 인테리어, 거리 등 배경 이미지를 생성하기 위한 모델은 찾기 어렵

견본 이미지

자료: W camp

다른 모델에서 같은 프롬프트로 사람을 그리게 한 결과

자료: W camp

거나 퀄리티가 떨어지는 단점이 있습니다. 하지만 스테이블 디퓨전은 웹 기반의 인터페이스 'Web UI'가 제작되어 유포되어 있으므로 이를 통해 쉽게 특정 이미지 풀을 학습하고 적용하는 것이 가능합니다. 스테이블 디퓨전 알고리즘을 통해 이미지를 생성하거나 수정을 할 경우에는 '모델'에 따라 결과물의 스타일이 편차를 보이므로 원하는 스타일의 이미지를 얻기 위해서는 그에 맞는 모델을 구하거나 학습을 시키는 것이 필요합니다. 따라서 미드저니를 통해 이미지를 먼저 다수 생성해놓고 스테이블 디퓨전의 알고리즘으로 이를 학습하여 이미지를 완성한다면, 가장 원하는 이미지 아웃풋을 구현할 수 있고 요즘과 같이 시시각각 변화하는 상황에 AB 테스트를 하거나, 경쟁사나 다른 변수들을 대응하기 위해서는 이런 툴들의 활용을 반드시 활용해야 합니다.

웹을 통해 수집한 이미지를 토대로 간단한 머신러닝을 진행하여 산출물에 연출 배경을 붙인 예시들도 살펴보겠습니다.

자료: W camp

　　1차로 진행한 머신러닝 결과 차체에 대한 형태적 학습은 약 80% 정도 완료되었다고 보입니다. 배경 좌측 하단이 흐릿해 보이는 이유는 차체 학습 쪽으로 치중되면서 전체적인 사진의 완성도가 떨어지기 때문에 차체+배경에 대한 학습을 마치게 되면 더 다양한 점프컷이나 잠수컷 같은 다이내믹한 컷들을 구현할 수 있습니다.

| 리어뷰 + 배경 디테일 Up | 리어뷰 유지 + 배경 디테일 더 Up |

자료: W camp

리어뷰(Rear View) 생성 및 배경의 디테일을 일부 바꾸는 것이 가능한 것을 확인했습니다. 또한 리어뷰를 유지하고 배경의 디테일을 추가로 강화하는 것도 가능합니다. 생각보다 AI의 기술이 엄청난 속도로 빠르게 발전했다는 것을 우리는 위의 예시로 확인할 수 있습니다. 작은 프로젝트라도 이제 AI를 활용하는 것을 두려워하지 말고 시작하는 것이 중요해 보입니다.

야간의 경우, 최초 작업한 이미지에 야간 상황이 드러나야 하는 가로등이 없었으나 머신러닝 학습을 통해 자동으로 가로등이 생성됨.

자료: W camp

라이트가 켜지고 꺼지는 이미지를 AI가 배경의 맥락까지 파악하여 이미지를 생성해줌. 라이트의 유무에 따라 배경의 시간대와 배경의 조도가 변경될 수 있음.

자료: W camp

앞에서 AI를 활용한 콘텐츠 제작에 대해 알아보았으니, 이제 콘텐츠 전략을 어떻게 수립하면 좋을지 이야기해보겠습니다. 요즘 콘텐츠가 화두여서인지, OECD에서도 콘텐츠에 대한 정의를 갖고 있었습니다. OECD에서 정한 콘텐츠란 인간을 위해 구성된 메시지로서 미디어와 결합되어 공중에게 전달되는 상품을 뜻합니다. 또한 콘텐츠의 가치는 유형의 질에 있지 않고, 소비자에게 교육적·문화적·정보적·오락적 가치를 얼마나 제공하는지에 따라 결정된다고 정의하고 있습니다. 제가 여기에서 콘텐츠의 정의를 얘기하는 이유는 다음과 같습니다. 챗GPT가 나오면서 앞에서 소개한 툴들처럼 모두가 콘텐츠를 만들고, 모두가 카피를 쓰고, 모두가 작곡을 할 수 있는 시대가 되었습니다.

수많은 콘텐츠 중에서 경쟁력 있는 콘텐츠가 되려면 어떻게 해야 할까요? 사람들에게 많이 회자되어야 합니다. 사람들에게 많이 회자되어 살아남으려 한다면 반드시 기획력이 있어야 합니다.

고객 의사결정 여정(Consumer Decision Journey, CDG)에 따른 콘텐츠 기획과 전략적 접근

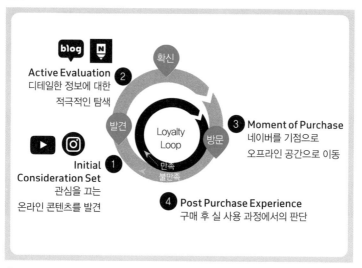

자료: consumer journey Loop

과거에는 콘텐츠를 만드는 사람도 적었고, 콘텐츠에 대한 소비가 지금처럼 활성화되지 않았었습니다. 기획력이 돋보이는 요즘 핫한 〈마라탕후루〉를 예시로 소개해보겠습니다. 〈마라탕후루〉는 2024년 4월 초등학생 크리에이터인 서이루 학생이 발매한 싱글 앨범입니다. 가사가 단순하고 멜로디가 중독성이 있어서 초등학생들에게 엄청난 인기를 끌고 있는 곡입니다. 가사 내용은 선배에게 마라탕과 탕후루를 사달라는 아주 간단한 내용입니다. 보컬과 가사에 대해 부정적인 평가도 많지만 이 노래는 일본, 중국, 인도네시아, 인도 버전까지 나왔고 이미 노래방에도 등재될 정도로 인기가 많습니다. 최근에 프로야구 키움 히어로즈 소속 외국인 선수인

로니 도슨이 커버 댄스를 춘 것이 화제가 되었고, 많은 유튜버가 패러디하여 확산시키고 있습니다.

〈마라탕후루〉는 유튜브 쇼츠를 통해 초등학생들 사이에서 밈으로 유행하게 되었고, 초등학교 근처 문구점이나 학원가에서 이 노래를 부르는 아이들을 자주 볼 수 있습니다. 이런 '마라탕후루' 콘텐츠가 시간이 지나면서 검색이 줄어들다가, 가수 김범수 씨의 등장으로 다시 검색이 늘어나고 있습니다. 자칫 단순해 보이는 〈마라탕후루〉 음악을 5옥타브의 음악으로 편곡을 해서 김범수 씨만의 〈마라탕후루〉 영상을 선보인 것입니다. 김범수 씨의 〈마라탕후루〉 영상은 김범수 씨 유뷰브에서만 850만 조회 수를 기록했고,

선배! 마라탕 사주세요
(그래 가자)
선배! 혹시.. 탕후루도 같이.. (뭐? 탕후루도?)
그럼 제가 선배 맘에
탕탕 후루후루
탕탕탕 후루루루루
탕탕 후루후루
내맘이 단짠단짠 (오카!)
탕탕 후루후루

탕탕탕 후루루루루
탕탕 후루후루
마라탕탕탕탕 후루루루루
사실 저는 선배 마음에 들고싶은게 목적인데, 내맘
달콤상큼 탕후루처럼
선배 맘에 들어갈게요 (무슨 뜻이야?)
선배 (어) 마라탕 사주세요 (좋아 가자)
선배 (어) 탕후루 사주세요 탕탕탕!

자료: 앨범 및 기사

다른 유튜브 영상들까지 다 합치면 약 2,000만 건 정도 조회가 되었다고 합니다. 그리고 최근 TV에서 자주 보이지 않던 김범수 씨를 브라운관으로 소환하는 데 큰 역할을 합니다. 결국 콘텐츠의 차별화가 얼마나 중요한지를 이 〈마라탕후루〉를 통해서도 확인할 수 있었습니다.

성공하는 콘텐츠를 만들기 위해서는 콘텐츠 차별화 외에 어떠한 노력들을 하면 좋을까요? 사람들이 많이 검색하는 키워드를 선점하는 것이 중요합니다. '마라탕후루'처럼 이미 사람들이 많이 알고 있는 콘텐츠를 활용해 나의 새로운 콘텐츠가 함께 검색되게 하는 것이 중요합니다. 새로운 키워드를 만들어 사람들이 검색하게 하기 위해서는 마케터의 엄청난 노력과 엄청난 비용이 수반되어야 합니다. 우리는 늘 비용 효율적인 방법을 고민해야 하기 때문에 이 부분을 늘 염두에 두어야 합니다. 그럼 어떻게 하면 키워드를 쉽게 선점할 수 있을까요? 앞서 설명드렸던 검색어 데이터를 통해 발견하거나, SNS의 데이터를 활용해 경쟁사의 주요 키워드를 확인하거나, 커뮤니티를 통해 사람들이 많이 관심을 갖고 있는 것에서 힌트를 얻을 수 있습니다.

05

AI와
마케팅 자동화

기술적 발전 측면에서 AI와 머신러닝 기술의 진보는 광고의 개인화 수준을 극대화할 수 있습니다. 예를 들어 예측 모델과 딥러닝 알고리즘을 통해 사용자의 행동 패턴과 선호도를 더욱 정밀하게 분석하고 예측할 수 있습니다. 또한 빅데이터 기술을 활용해 다양한 데이터 소스를 통합하여 사용자의 관심사와 행동을 기반으로 한 매우 구체적인 광고 타깃팅이 가능해집니다. 이외에도 퍼포먼스 마케팅적으로 AI가 결합되었을 때 가능한 몇 가지 시나리오들을 생각해보았습니다. AI를 활용하면 경쟁사 광고비 사용 금액에 대한 예측이 가능해집니다. 경쟁사가 집행하고 있는 광고 도메인 기준으로 광고 집행 중인 키워드 목록을 광고비 단가를 활용해 AI가 예측한다면 광고비에 대한 예측 및 모니터링, 광고비 입찰 경쟁 분석에도 많은 도움이 될 것 같습니다.

그리고 주요 트렌드에 대한 예측이 가능해집니다. 앞에서 검색어 전수 데이터를 분석하는 것 외에도 광고주들이 집행한 데이터, 즉 랜딩 페이지를 기준으로 AI 모델링을 활용하면 광고 운영에 가장 적합한 키워드 추출이 가능해져 광고 효율에 도움이 될 것이라고 생각됩니다. 그리고 의류와 같이 시즌과 날씨에 민감한 업종의 경우에는 실시간 날씨와 트렌드 분석을 통해 트래픽이 증가하는 브랜드나 상품군을 찾아내어 CRM이나 광고 소재로 활용할 수

다양한 광고 베리에이션 사례

자료: 네이버, 인스타 광고

도 있을 것입니다. 지금은 광고 구좌별 수작업으로 사이즈를 베리에이션(variation)하고 있지만, 앞으로는 AI가 각 매체에 맞는 사이즈, 그리고 업종의 특성을 반영한 소재를 알아서 만들고 적용해줄 것입니다.

이 중 지금 이 시간에도 수작업으로 고생하고 있을 퍼포먼스 마케터들의 고생을 덜어줄 수 있는 광고 최적화 방안에 대해 이야기를 해보려고 합니다. 우리는 물건을 사기 위해 네이버나 구글과 같은 검색 엔진에 '겨울 니트'라는 키워드를 넣습니다. 이렇게 키워드로 검색을 하면 포털의 상단에 수많은 온라인 쇼핑몰들의 사이트들이 검색됩니다. 이 상단에 사이트를 올리기 위해 퍼포먼스 마케터들은 검색어에 대한 분석을 하고, 비용을 어떻게 집행할지 늘 고민하고 있습니다. 그리고 쿠폰을 넣고 빼고 하면서 가격이 조금이라도 저렴하게 보여 다른 사이트들보다 먼저 사이트가 노출되도록 하고 있습니다. 물론 광고 규모가 커지면 커질수록 퍼포먼스 마케터 입장에서는 실시간으로 관리해야 하는 정보의 양이 늘어나게 됩니다. 당연히 이 부분은 자동화되어 있는 것 아니냐 하고 생각하시는 분들도 있겠지만, 아직까지는 대부분 엑셀이나 테이블로를 활용해서 데이터를 핸들링하고 있는 실정입니다. AI가 이부분에 적용되면 AI를 통해 의사결정을 자동으로 최적화할 수 있게 되니 퍼포먼스 마케터들의 고생을 줄여줄 수 있을 것입니다.

그런데 이런 고민을 덜어줄 플랫폼이 나오고 있습니다. 그중에서 LG CNS의 MOP(Marketing Optimization Platform) 플랫폼을 소개하려고 합니다. MOP에는 인공지능(AI/ML), 수리 최적화 알고리즘이 적용되었고, 현재까지의 광고 실적 데이터를 크롤링한 다음 AI가 이 광고 실적 데이터를 분석해 미래 광고 실적 예측 모델을 생성·적용하는 구조로 설계되어 있습니다. 이 플랫폼의 특징은 광고 집행-운영-리포트까지 모두 자동화가 가능한 점, 인력개입 없이 24시간 운영이 가능하다는 점입니다. 이 플랫폼은 수리 최적화 모형을 사용하여 전체 실적 관점에서 키워드 단위로 예산을 재분배해 실적을 향상시킬 수 있습니다. 예를 들어 마케터가 직접 특정 키워드의 예산 중 50%를 빼서 3~4개의 키워드에 재분배해 실적이 오를 수 있을지 AB 테스트를 직접 해보고 있는 경우, 수리 최적화 모형을 사용하면 같은 방식으로 100개의 키워드에 적용해볼 수 있어 효율에 대한 빠른 해답을 가져올 수 있습니다. 수리 최적화 모형이 다양한 경우의 수를 계산해볼 수 있는 만큼 효율이 높은 방향을 선택해 전체 실적을 끌어올릴 수 있다는 논리입니다.

요즘같이 모든 기업이 실적과 손익에 혈안이 되어 있는 경우에는 판관비에 대한 비중을 계속해서 줄일 수밖에 없고, 그중에 손을 대기 가장 쉬운 것이 마케팅 비용입니다. 마케팅 비용은 한정적인데 효율은 전보다 훨씬 많이 올려야 하는 퍼포먼스 마케터 입장에서는 계절별, 요일별, 시간별 경우의 수에 맞춰 계산하여 최적의

MOP의 핵심 기술

광고, 전환 데이터를 실시간
동기화하는 빅데이터 인프라

광고 플랫폼
(네이버, 카카오,
구글, 메타)

광고 실적
자동 인풋

Data Lake

전환 실적
자동 인풋

전환 측정 플랫폼
(GA360, GA4,
에어브릿지)

MOP의 핵심 기술

Machine Learning	수리 최적화 알고리즘	Deep Learning
1. Prediction	2. Planning	3. Control

광고주 기준
수십~수백 개의 Custom
머신러닝 모델 생성 현황에
따른 자동 업그레이드

일 단위 키워드당
최소 350가지 입찰 경우의
수에 대한 수학적 계산

경쟁 현황, 성수기,
예산 과소/과다 등 이상
패턴 감지 및 실시간 대응

정확한 광고 실적 예측

최소 14~60일의 과거
광고 실천 데이터를 기반으로
AI 머신러닝 실적 예측 모델을
생성하고

앙상블 기술을 추가 적용하여
광고 실적 예측 정확도를
향상시킵니다.

입찰 계획 자동 도출

항공, 물류 등에 활용되는
생산성 향상을 위한 고도화된
소리 최적화 기술을 최초 도입해

광고 목표(클릭 최적화, 전환 최적화,
다중 목표 최적화)에 따른 광고
소재(키워드)별 시간 단위 입찰
계획을 자동 도출합니다.

실시간 실적 이상 자동 감지

도출된 최적의 계획에 따라 시간
단위, 분 단위 자동 입찰 및 성과
모니터링을 24/7 진행하고,

실시간 실적 이상을 자동
감지하여 시장 변화에 대응할 수
있도록 지원합니다.

자료: LG CNS

값을 찾을 수 있다면 그야말로 사막에서 오아시스를 찾는 기분이
들 것입니다. 그리고 우리가 목표 세팅을 통해 성과를 강조하다 보
면 놓칠 수 있는 부분이 한 가지 있습니다. 예를 들어 ROAS를 향
상시키는 것에 목표가 매몰되어 있으면 우리의 브랜드와 맞지 않
는 지면에 광고가 나가게 되어 디브랜딩되는 경우를 종종 볼 수 있

습니다. 따라서 브랜딩과 관련된 유입, 노출, 클릭과 매출과 직결되는 ROAS에 대한 다양한 목표를 최적화하여 세팅하는 것이 중요한데, 이 계산을 머리 아프게 엑셀로 하지 않고 AI를 활용해 쉽게 할 수 있다고 하니 희소식이 아닐 수 없습니다.

이제 광고 영역은 AI가 알아서 작업을 해줄 테니, 앞으로 더 심화될 초개인화 마케팅에 대해 이야기해보겠습니다. AI를 활용한 개인화된 마케팅은 고객 경험에서 출발합니다. 그리고 이 고객 경험을 AI가 알아보기 쉽게 데이터로 가공할 수 있는 환경을 만들어주는 것이 중요합니다. 최근 AI에 대한 관심이 높아지면서, 많은 곳에서 AI와 관련된 교육과 세미나를 진행하고 있습니다. 많은 MMP사들이나 AI와 관련이 높은 곳에서 이런 세미나들을 진행하고 있고, 저 역시 이런 세미나에 연사로 초대되어 의견을 나눈 적이 있습니다. 이러한 관심에 비해 실제 현업에서 AI를 도입하는 속도는 더딥니다. 왜 그럴까요? 조직에서 아직 AI를 받아들일 준비가 덜 되었기 때문입니다. 마음의 준비뿐 아니라 데이터에 대한 가공 및 데이터에 대한 정의가 생각보다 잘 되어 있지 않은 경우들이 많습니다.

예를 들어 A라는 회사가 있습니다. A라는 회사는 오프라인과 온라인 유통을 모두 갖고 있습니다. 그런데 이 A라는 회사의 데이터가 오프라인과 온라인의 고객 데이터가 연결되어 있지 않다면 어떨까요? 또 B라는 그룹이 있다고 가정해보겠습니다. B라는 그룹 안에 다양한 제품과 다양한 유통이 있다고 가정해보겠습니다. 그런데 B라는 그룹을 사용하는 고객들에 대한 정보가 거미줄처럼 모두 연결이 되어 있을까요? 그렇지 않을 확률이 매우 높습니다.

AI는 방대한 양의 데이터를 수집하고 분석하여 개별 고객의 행동과 선호도를 파악하는 데 특화되어 있습니다. 그리고 이를 통해 실시간으로 맥락화된 경험을 제공할 수 있는 것입니다. 예컨대 고객이 특정 제품을 검색하거나 구매하려고 할 때 AI는 그 순간에 맞는 적절한 정보를 제공해야 제대로 된 개인화 마케팅이 되는 것입니다. 그런데 AI 마케팅을 위해 기본적으로 제공되어야 할 데이터들이 제대로 갖춰져 있지 않다면 AI는 제대로 된 개인화 마케팅을 할 수 없습니다. 그래서 기존 조직들의 데이터 정비가 매우 시급합니다. 물론 스타트업을 비롯해 데이터가 아주 완벽하게 정리되어 있는 곳들은 앞으로 AI와 결합해서 하늘을 날아다닐 수 있겠지만, 그렇지 못한 곳들은 지금부터라도 데이터를 제대로 세팅해야 합니다.

초개인과 마케팅은 개인별 1대1 마케팅을 가능하게 합니다. 앞에서 언급한 것처럼 광고 구좌별로 사이즈, 소재, 메시지를 다르게 자동화하듯이 모든 고객마다 다른 메시지와 프로모션 제안을 할 수 있기 때문에 AI를 통한 초개인화 마케팅은 더욱 효과적인 마케팅 성과가 나오게 합니다. 과거 회사에서 수작업으로 개인화 테스

트를 한 적이 있었습니다. A라는 브랜드를 검색하다가 구매하지

않고 이탈한 고객들이 다시 우리 사이트에 접속했을 때 메인 화면

을 그냥 보여주는 것과 마지막으로 이탈했던 A라는 브랜드를 바로 보여주는 것에 대한 전환율 차이를 확인해본 것이었습니다. 다들 예상하셨겠지만, 메인 화면을 보여준 것과 마지막 이탈했던 브랜드를 보여주는 것은 구매 전환율 차이가 약 3배 정도 났습니다. 초개인화 테스트가 아닌 일반 개인화 테스트에서 이 정도 구매 전환율 차이가 났다면 초개인화 마케팅을 진행하면 결과가 어떨지 상상만으로도 기분이 좋아집니다. 또한 초개인과 마케팅에는 각 개인별 프로모션과 오퍼링이 다르게 제공됩니다. 즉 고객의 구매 이력과 선호도를 기반으로 맞춤형 할인이나 특별 혜택을 제안하여 고객의 만족도를 높일 수 있고, 회사 입장에서는 살 사람들에게 혜택을 주니 리텐션(Retention)에도 크게 도움이 될 수 있습니다.

또 기술의 발전으로 인해 한 가지 기대되는 분야가 있습니다. 기존에 쌓여 있는 리뷰 데이터나 사진 데이터를 체계적으로 정리하여 마케팅에 활용하는 것입니다. 사진은 광학 문자 인식(OCR) 기술을 사용해 읽을 수 있고, 주제 태그를 달 수 있습니다. 리뷰 데이터는 대형 언어 모델(LLM)을 사용해 분류하고 주제 태그를 달 수 있습니다. 이렇게 하면 나중에 AI를 통해 추천할 때 아주 세밀한 부분이나 제품의 속성까지 모두 고려해서 추천할 수 있습니다. 예를 들어 평소에 제가 블루 캐시미어 소재의 오버핏 제품의 이미지를 클릭하고 장바구니에 담은 적이 있다면 이미지와 리뷰의 데

[AI가 리뷰 데이터화하는 방법]

1. 데이터 수집
- 방법: 웹 스크래핑, API 호출 등을 통해 리뷰 데이터를 수집합니다. 예를 들어 굿리즈(Goodreads), 옐프(Yelp), IMDb와 같은 플랫폼에서 사용자의 리뷰와 평점을 가져옵니다.

2. 데이터 전처리
- 정제: 수집한 데이터를 정제하여 노이즈를 제거합니다. 예를 들어 HTML 태그 제거, 중복 데이터 제거, 오탈자 수정 등이 포함됩니다.
- 토큰화: 문장을 단어 또는 의미 있는 단위로 나누는 과정입니다. 예를 들어 "이 식당은 맛있어요!"라는 문장을 ['이', '식당은', '맛있어요']로 분리합니다.

3. 감정 분석
- 기술: AI 모델이 리뷰의 감정을 분석하여 긍정적, 부정적, 중립적이라고 분류합니다. 이를 통해 제품이나 서비스에 대한 사용자 경험을 이해할 수 있습니다.
- 도구: 감정 분석에 사용되는 알고리즘에는 SVM(Support Vector Machine), LSTM(Long Short-Term Memory) 등이 있습니다.

4. 주제 모델링
- 목적: 리뷰에서 주요 주제나 키워드를 추출합니다. 예를 들어 특정 제품에 대한 리뷰에서 '품질', '가격', '서비스' 같은 주제를 파악할 수 있습니다.
- 방법: LDA(Latent Dirichlet Allocation)와 같은 주제 모델링 기법을 사용하여 리뷰를 클러스터링합니다.

5. 데이터 구조화
- 형태: 분석된 데이터를 구조화된 형태로 변환하여 데이터베이스에 저장합니다. 예를 들어 각 리뷰의 텍스트, 감정 점수, 주요 키워드 등을 포함한 테이블을 생성할 수 있습니다.
- 포맷: JSON, CSV와 같은 형식으로 저장하여 쉽게 검색하고 분석할 수 있도록 합니다.

6. 추천 시스템
- 방법: 가공된 데이터를 바탕으로 사용자 맞춤형 추천 알고리즘을 개발합니다. 협업 필터링(Collaborative Filtering)이나 콘텐츠 기반 필터링(Content-based Filtering) 등의 기법을 사용하여 사용자가 좋아할 만한 리뷰나 제품을 추천합니다.

7. 시각화 및 대시보드
- 도구: 태블로 등의 도구를 활용해 데이터를 시각화하고 대시보드를 만들어 사용자가 쉽게 분석 결과를 이해할 수 있도록 합니다.

이터들을 분석하여 블루 캐시미어 소재의 새로운 신상품을 저에게 추천해줄 수 있습니다. 또 이와 함께 입으면 어울릴 팬츠나 스커트도 소재와 색상을 고려해서 추천할 수 있습니다. 결국 대체재와 보완재 개념을 AI가 명확하게 인식해서 추천을 해주게 되는 것이라 고객 입장에서는 검색하는 시간과 노력을 줄일 수 있습니다. 또한 이런 데이터를 바탕으로 브랜딩, 콘텐츠, CRM 마케팅을 할 때도 더욱 감성적이고, 시각적이며, 세밀한 고객의 요구사항을 맞춰서 추천이 가능할 것입니다.

이번에는 수많은 데이터와 일상의 많은 일을 정리하는 효율적인 방법에 대해 얘기해보겠습니다. 요즘 강의와 업무로 매우 바쁜 일상을 보내고 계신 이재철 국민대 MBA 교수는 고객의 업무 효율을 높이는 데 AI를 활용하기도 하지만, 본인의 일상을 위해서도 AI를 사용하고 있다고 합니다. 강의와 업무를 동시에 하는 것은 사실 매우 어려운 일입니다. 저도 회사에 다니면서 가끔 강의하고 육아를 하는 매우 빡빡한 삶을 살고 있기에, 아마 제가 느끼는 바쁨의 강도와 교수님의 강도가 비슷하지 않을지 생각해봅니다. 그래도 우리는 또 이 많은 일을 제시간에 완벽하게 해내야 합니다. 그래서 두뇌가 잘 때에도 제대로 쉬지 못하는 것 같습니다.

교수님도 이런 고민 때문이었는지 Make를 활용해 최대한 많은 일을 하면서 약간의 자유 시간을 만들고 계신다고 합니다. 그런데 또 이 자동화가 많아지면서 교수님이 만들어내신 자동화가 무엇이며, 어떻게 운영되고 있는지에 대한 모니터링도 복잡해졌다고 합니다. 그래서 Make를 활용해 다양한 시나리오를 만들고, 이 시나리오가 만들어지거나 업데이트될 때 우리가 업무에 자주 사용하는 구글 드라이브와 노션(Notion)에 자동으로 업데이트가 되고 저장이 되는 자동화를 또 만들었다고 합니다. 수많은 일을 동시에 처리해야 하는 우리에게 매우 필요한 방안이라고 생각됩니다. 다음은 Make 어드민의 다양한 시나리오들입니다. 카테고리를 만들 수 있긴 하지만 그것만으로는 한 번에 어떤 게 있는지 확인이 쉽지 않습니다.

DB 자동화를 위한 방안

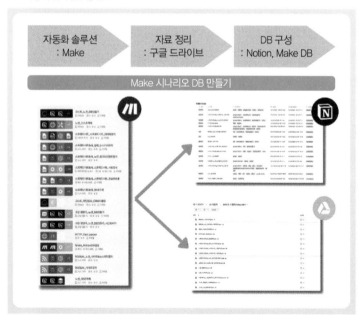

다음은 Make 자동화 설계 화면과 노션에 저장된 최종적인 모습입니다.

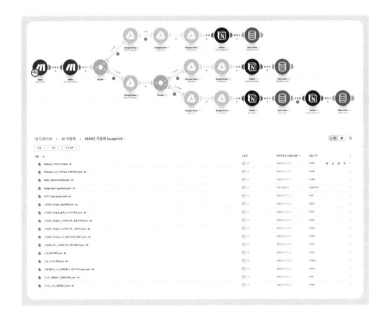

06

AI를 활용한
초기 사업 마케팅 방안

앞에서 말씀드린 검색 데이터, SNS, 콘텐츠, 퍼포먼스 마케팅을 AI를 활용해서 효율적으로 마케팅하는 예를 들어보도록 하겠습니다. 필자가 새로운 이탈리아 레스토랑을 창업한다고 가정해 보겠습니다. 안타깝게도 마케팅 예산은 거의 확보하지 못했지만 음식 맛과 인테리어는 매우 훌륭한 가게를 오픈하게 되었습니다. 마케팅을 시작하려면 먼저 내가 어떤 콘셉트로 고객들과 소통해야 할지 고민해야 합니다. 필자는 이탈리아 레스토랑을 오픈한다는 가정이기 때문에 다음과 같이 콘셉트와 실행 아이디어를 세워보았습니다.

슬로건: Hidden Gem of Italy

콘셉트: 잘 알려지지 않은 이탈리아의 지역 요리나 특산품을 중심으로 메뉴를 구성하여, 마치 숨겨진 이탈리아의 보석 같은 레스토랑

커뮤니케이션 메시지: "이탈리아의 숨은 맛을 찾아서", "아직 발견되지 않은 이탈리아의 맛을 만나다"

실행 아이디어: 이탈리아의 작은 도시나 마을의 특산 요리를 매달 한 가지씩 테마로 소개하며, 고객들에게 새로운 경험을 제공. 레스토랑의 인테리어와 메뉴판에 이탈리아 지도와 함께 해당 요리의 유래와 스토리를 설명하는 코너를 만들어 고객의 흥미를 유도

이렇게 세워진 슬로건으로 앞서 언급했던 다양한 AI 툴들로 나의 콘셉트에 가장 맞는 콘텐츠 이미지와 영상을 제작합니다. 그리고 AI 도구를 사용하여 간단한 문구와 함께 음식 사진을 추가하여 포스팅하고, "이 사진을 좋아요와 댓글로 친구에게 공유하면 20% 할인 쿠폰을 드립니다!" 같은 고객 참여 유도형 이벤트를 할 수 있습니다. 그리고 한정된 마케팅 예산을 갖고 있다는 사실을 감안하여 매스 대상이 아닌 특정 타깃을 대상으로 광고를 진행해야 합니다. 예를 들어 페이스북 애즈(Facebook Ads)나 구글 애즈(Google Ads)의 AI 기반 타깃팅 기능을 활용해 레스토랑 주변 5~10km 내의 사람들에게만 광고를 노출시키는 방법을 사용할 수 있습니다. 이렇게 하면 광고 비용을 절감하면서도 실질적인 방문객을 유도할 수 있습니다. "우리 동네에 새로 오픈한 이탈리아의 숨은 맛집!" 같은 문구와 음식 사진을 활용해 관심을 끌 수 있습니다.

또한 개인화된 고객 경험을 제공하기 위해 AI 챗봇을 도입하는 것을 고려해볼 수 있습니다. 예산이 많지 않더라도, 직원이 많지 않더라도 기본적인 AI 챗봇을 웹사이트나 페이스북 메신저에 도입할 수 있습니다. AI 챗봇을 도입하면 고객이 예약을 하거나 메뉴에 대해 문의할 때 챗봇이 빠르게 응답해줄 수 있고, 이를 통해 고객이 빠르게 정보를 얻을 수 있어 예약 전환율을 높일 수 있습니다. 예를 들어 "오늘의 추천 메뉴는 무엇인가요?"라는 질문에 AI 챗봇이 오늘의 추천 메뉴를 재빨리 알려주는 방식입니다.

그리고 이렇게 쌓인 데이터들을 사용하여 또 다른 마케팅을 진행할 수 있습니다. 초기에는 예산이 적기 때문에 모든 고객 피드백이 매우 중요합니다. 구글 리뷰, 네이버 플레이스 등에서 받은 리뷰를 AI 도구를 사용해 분석하면 주요 문제점이나 개선점을 빠르게 파악할 수 있습니다. 예를 들어 "서비스는 훌륭하지만 파스타가 조금 짜요" 같은 피드백이 많다면 즉각적으로 레시피를 조정하거나 고객에게 설문을 보내는 방식을 도입해 음식 개선에 반영해야 합니다.

마지막으로 레스토랑을 방문한 고객들에게 명함 이벤트나 고객 정보 제공 동의 이벤트를 통해 확보한 전화번호나 이메일을 통해 주기적인 레스토랑의 프로모션을 전달하는 것도 중요합니다. AI 도구를 활용하면 주기적으로 할인 쿠폰, 신메뉴 소개, 이벤트 정보를 포함하여 메시지나 카플친(카카오 플러스 친구)을 통해 기존 고객의 재방문을 유도할 수 있습니다. 예를 들어 "첫 방문 감사 드립니다! 다음 방문 시 20% 할인 쿠폰을 드립니다" 같은 메세지를 보내면 재방문을 높일 수 있습니다.

위에 언급했던 여러 가지 전략들은 제한된 예산 안에서 최대한 효과적으로 고객의 유입을 유도하고 리텐션하는 데 도움이 될 것입니다. 특히 지역 커뮤니티와 온라인 리뷰 및 피드백을 적극 활용하는 것이 중요합니다. AI 기술을 적절히 활용하면 적은 비용으로도 충분히 경쟁력을 갖출 수 있습니다.

01

AI로 본
미래의 모습

AI 마케팅, 어디까지 인간 마케터를 대체할 것인가?

AI가 마케팅 분야에서 인간 마케터를 대체하는 과정은 이미 다양한 세부 분야에서 현실화되고 있습니다. 창의성, 전략적 사고, 감정적 연결 등이 요구되는 부분에서는 인간 마케터의 역할이 당분간 유지될 것으로 보고 있지만, 자동화와 데이터 분석이 중요한 영역에서는 AI의 대체가 빠르게 진행될 것으로 예상하고 있습니다. 특히 광고 타깃팅 및 개인화된 마케팅 캠페인 제작은 이미 AI가 상당 부분을 대체하고 있는 영역입니다.

이를 더 세부적으로 들어가 보면 고객 세분화, 개인화된 콘텐츠 생성, 실시간 캠페인 최적화 등의 영역에서 AI의 역할은 두드러지고 인간 마케터를 상당 부분 대체하고 있다고 판단합니다. 현재부터 가까운 미래에 AI의 활약이 돋보일 부분은 다음과 같습니다. 거꾸로 보면 향후 마케팅 세부 해당 영역에서는 더욱 AI와의 협업을 적극적으로 늘려서 마케팅 효율화를 이뤄야 할 부분이니 반드시 숙지하시기 바랍니다.

1) 고객 세분화(Customer Segmentation)

과거에는 인간 마케터들이 경험과 직관을 바탕으로 고객 세그먼트를 나누고, 각 세그먼트에 맞춘 캠페인을 설계했습니다. 그러나 AI는 방대한 양의 데이터를 실시간으로 처리해 더욱 세밀한 고객 그룹을 정의할 수 있게 해주고 있습니다. 이를 통해 기존에는 보지 못했던 미세한 고객 행동 패턴이나 구매 경로를 발견할 수 있게 된 것입니다. 앞서 언급한 바 있는 세일즈포스의 AI 기반 CRM 시스템은 고객의 행동 데이터를 분석하여 마케터들이 생각지 못한 새로운 세그먼트를 만들어내고, 이들을 대상으로 맞춤형 메시지를 전달할 수 있게 해주고 있습니다. 이러한 AI 활용은 향후 마케팅에서 필수적인 도구로 자리 잡으며, 고객 세분화 작업은 인간의 개입이 점차 줄어들 것이라고 다수의 전문가들은 지적하고 있습니다.

2) 개인화된 콘텐츠 생성(Personalized Content Creation)

AI는 고객의 행동과 선호도를 분석해 개인 맞춤형 콘텐츠를 생성할 수 있는 능력을 갖추고 있습니다. 넷플릭스는 AI 알고리즘을 사용해 사용자의 시청 기록과 패턴을 분석하여 각 사용자가 선호할 만한 프로그램을 추천하거나, 맞춤형 섬네일을 제작하여 사용자 경험을 극대화시키고 있습니다. 이는 인간이 일일이 분석하고 맞추기 어려운 부분을 AI가 자동으로 처리하고 있는 것입니다. AI 기반 개인화 콘텐츠 생성 기술은 단순한 맞춤형 이메일에서부터 개별 고객에게 최적화된 제품 제안까지 다양하게 활용되며, 이 과정에서 인간 마케터의 역할은 점차 축소될 것입니다. 다만 매우 예민한 창의력이 핵심인 영역은 여전히 인간 마케터의 개입이 필수적이며, AI가 이를 완전히 대체하기는 어렵다고 생각합니다.

3) 실시간 캠페인 최적화(Real-time Campaign Optimization)

마케팅 캠페인은 다양한 요인에 의해 실시간으로 변화하는 소비자 행동을 반영해야 합니다. AI는 캠페인 실행 후 수집되는 데이터를 분석해 실시간으로 광고를 조정하고, 최적화된 결과를 도출할 수 있습니다. 예를 들어 구글 애즈의 스마트 캠페인은 AI가 자동으로 광고 입찰가를 조정해 광고비를 최적화하고, 클릭률과 전환율을 높이는 역할을 합니다. 이 과정에서 AI는 시장 트렌드와 경쟁 상황, 고객의 반응을 즉각적으로 반영하여 광고를 수정하고, 인간의 수동적 개입 없이도 성과를 향상시킬 수 있습니다. 이러한 실시간 최적화 기술이 발전함에 따라 인간 마케터의 역할이 더 전략적인 핵심 영역으로 축소될 것입니다.

4) 챗봇 및 AI 고객 응대(Chatbots and AI-driven Customer Service)

AI 기반 챗봇은 이미 여러 기업에서 고객 문의를 자동으로 처리하는 데 활용되고 있습니다. 앞서 살펴본 맥도날드의 AI 기반 음성 키오스크는 소비자의 주문을 신속하게 처리하면서 인간 직원의 개입을 최소화하는 좋은 사례이기도 합니다. 또한 페이스북 메신저나 왓츠앱(WhatsApp) 같은 플랫폼에서도 챗봇이 사용자와 실시간으로 상호작용하여 고객 응대를 자동화하고 있으며, 이를 통해 마케터들은 더 복잡한 전략적인 업무에 집중할 수 있게 되었습니다. 향후 챗봇 기술이 지속적으로 발전하며 고객 경험을 개선하고 비용을 절감하는 동시에 인간 마케터의 단순 응대 업무를 상당 부분 대체할 것이라고 전망합니다.

5) 데이터 분석 및 인사이트 추출(Data Analytics and Insight Generation)

AI는 마케터들이 사용할 수 있는 데이터를 수집하고 분석하는 데 있어 매우 효율적입니다. 허브스팟(HubSpot)과 같은 마케팅 자동화 플랫폼은 AI를 통해 데이터를 분석하고 사용자에게 맞춤형 인사이트를 제공하여 마케터가 더 나은 결정을 내릴 수 있도록 지원하고 있습니다. 이러한 데이터 분석 기술은 광고 성과 평가, 시장 트렌드 분석, 고객 행동 예측 등의 분야에서 유용하게 활용 중입니다. 데이터 분석에 있어 AI가 제공하는 자동화된 인사이트 도출은 시간이 지날수록 더욱 정교해져 인간의 역할을 크게 축소할 것입니다.

반면 브랜드 전략 수립이나 크리에이티브 디자인 같은 분야는 상당 기간 인간 마케터가 주도적인 역할을 할 것으로 예상합니다. 창의적이고 감성적인 콘텐츠를 제작하고 이를 브랜드 및 기업의 CI(Corporate Identity)와 전략적으로 연결하는 일련의 경영 의사결정을 경영 책임에서 상대적으로 자유로운 AI에게만 맡기기에는 분명 한계가 있기 때문입니다. 다만 코카콜라의 '크리에이트 리얼 매직' 캠페인에서 살펴봤던 것처럼 AI가 크리에이티브 프로세스에 보조적 역할을 하며, 인간과 AI가 협력하는 형태로 발전하는 사례도 있으므로 향후 이러한 협업 관계는 더욱 확산될 것으로 예상합니다. 향후 10년 내에 AI가 마케팅 자동화, 데이터 분석, 고객 응대 등 반복적이고 분석적인 작업을 거의 완벽히 대체할 것이며, 인간은 더 전략적이고 창의적인 영역에 집중할 수 있게 될 것으로 예측됩니다.

물론 반드시 주목해야 할 변수는 'AI의 기술적 진보 속도'입니다. AI의 기술적 진보가 우리의 예상을 크게 초과하여 더 빠른 속도로 발전하고 의미 있는 성과를 가져온다면 AI가 마케팅 분야에서 인간 마케터를 대체하는 범위는 훨씬 더 넓어질 것입니다. 현재 AI는 주로 데이터 분석, 광고 타깃팅, 개인화된 마케팅 등 반복적이고 분석적인 작업에서 강점을 보이지만, 창의성이나 감성적 연결이 필요한 분야에서는 인간의 역할이 여전히 중요하다고 언급했지만, AI 기술의 진보는 이러한 경계도 모호하게 할 수 있습니다. 향후 AI의 기술적 진보 속도가 우리의 예상을 뛰어넘었을 때 고려해야 할 점을 생각해봤습니다. 조금 더 먼 미래에 현실화될 수 있는 부분으로 이해하고, 이런 포인트에서 의미 있는 진전을 이룬다면 비즈니스 선점 기회로 활용할 만한 부분이라고도 생각합니다.

1) 창의성 및 감성적 연결에서의 AI 역할 확대

지금까지는 창의성과 감정적 공감 능력에서 인간이 AI를 앞서고 있지만, AI가 감성 AI(Emotional AI) 기술을 통해 점차 인간의 감정을 이해하고 이를 반영한 콘텐츠를 제작할 수 있는 능력을 갖추게 될 것입니다. 이는 AI가 단순히 데이터에 기반한 결정을 내리는 것뿐 아니라 고객의 감정 상태나 반응을 실시간으로 분석하고 이를 바탕으로 더 감성적인 마케팅 메시지를 생성하는 데까지 발전할 가능성을 시사하는 것입니다. 예를 들어 AI가 소셜 미디어, 이메일, 웹사이트 상의 고객 반응을 분석해 개별 소비자에게 감정적으로 공감할 수 있는 스토리텔링을 실시간으로 제공하는 마케팅이 인간 마케터와 대등해질 수도 있습니다.

2) 자동화된 크리에이티브 제작

향후 AI는 단순히 콘텐츠 제작을 돕는 도구가 아니라 자체적으로 창의적인 콘텐츠를 완벽하게 제작할 수 있는 수준에 도달할 가능성이 있습니다. 현재 오픈AI의 달리나 챗GPT와 같은 생성형 AI는 이미 이미지나 텍스트 생성에서 뛰어난 성과를 보이고 있으며, 이러한 기술이 발전하면서 AI는 광고 캠페인 전체를 설계하고 실행하는 수준까지 도달할 수 있습니다. 향후에는 AI가 고객의 취향과 데이터를 실시간으로 분석해 크리에이티브 전략, 비주얼 디자인, 그리고 메시지까지 자동으로 조합하여 개인화된 콘텐츠를 총괄 제작할 수 있는 시기가 예상보다 빨리 올 수 있습니다. 앞서 유사한 실험을 GS25의 AI 하이볼, 삼성생명의 AI 광고 캠페인을 통해 살펴본 바 있습니다.

3) 완전한 실시간 마케팅 캠페인 운영

AI가 실시간으로 데이터를 분석하고, 이를 바탕으로 즉각적인 캠페인 조정이 가능한 현재의 수준에서 더 나아가, 향후에는 AI가 시장의 변화, 고객의 반응, 경쟁 상황 등을 완벽히 모니터링하고, 인간의 개입 없이 자동으로 마케팅 전략을 최적화할 수 있는 능력을 갖추게 될 것입니다. 이 경우 마케터는 캠페인 설계에 개입할 필요 없이 AI가 모든 마케팅 요소를 자동으로 실행하고, 실시간으로 최적화하며 성과를 분석하게 됩니다. 예를 들어 실시간 입찰 광고 시스템과 같은 기술이 AI에 의해 더 정교해지면서 광고비와 전환율 최적화를 위한 완전한 자동화가 가능해질 것입니다.

4) AI 기반 예측 및 전략 수립의 발전

AI는 빅데이터 분석을 바탕으로 더 정교하고 장기적인 마케팅 전략을 수립하는 데 기여할 수 있습니다. 현재는 AI가 과거 데이터를 기반으로 예측을 수행하고 있지만, 향후에는 AI가 미래 트렌드를 예측하고 고객의 행동 패턴을 학습하여 마케터가 미처 고려하지 못한 새로운 기회를 식별할 수 있게 될 것입니다. 예를 들어 IBM 왓슨 같은 AI 플랫폼은 이미 수많은 데이터를 분석해 시장의 트렌드를 예측하고 있습니다. 기술이 더욱 발전하면 AI가 경쟁사 전략, 시장 환경 변화, 고객 행동의 미세한 변화까지 모두 분석해 더 선제적인 전략을 수립할 수 있게 될 것입니다.

5) AI와 인간의 완전한 협업 체계 확립

AI 기술이 진보하면서 인간 마케터와 AI의 협력 모델도 더 발전하게 될 것입니다. AI가 반복적이고 분석적인 작업을 자동화하고 실시간 데이터를 기반으로 결정을 내리면서, 인간 마케터는 창의적이고 전략적인 영역에서 더 큰 가치를 발휘할 수 있습니다. 이 협력 모델에서 AI는 데이터 기반 의사결정을 지원하고, 인간은 감성적 연결과 창의성을 통해 브랜드 가치를 높이는 방식으로 역할 분담이 이뤄질 것입니다. 최적의 협업 체계와 성공 사례에 따라 AI 역할론의 이정표도 새롭게 써질 것입니다.

AI 마케팅 의사결정 능력, 어디까지 믿고 의지해야 할까?

AI 마케팅 의사결정 능력은 빠르고 정확한 데이터 분석 능력을 바탕으로 많은 기업이 신뢰하는 도구로 자리 잡아가고 있습니다. 그러나 AI에 대한 신뢰와 의존도는 경영 환경에 따라 대단히 가변적일 수밖에 없습니다. AI 기반 의사결정의 한계와 가능성을 이해하기 위해 다음의 세 가지 사례연구를 중심으로 인사이트를 찾아봤습니다.

첫째, 스타벅스의 '딥 브루(Deep Brew)' AI 시스템은 AI가 마케팅 의사결정에 어떻게 기여하는지를 보여주는 사례입니다. 스타벅스는 AI 기술을 활용해 매장 운영을 최적화하고, 개인 맞춤형 추천을 제공하는 새로운 경험을 시도하고 있습니다. 딥 브루는 고객의 주문 패턴과 선호도를 분석해 개별화된 음료 추천을 제공하고, 매장의 재고 관리와 직원 스케줄링까지도 자동화하는 시스템입니다. 이를 통해 고객 맞춤형 마케팅 메시지와 프로모션을 자동으로 생성하고, 보다 정교한 고객 경험을 제공합니다.

이와 같이 AI는 데이터 기반의 의사결정을 통해 고객과의 상호작용을 개선하고, 브랜드의 효율성을 높이는 데 중요한 역할을 할 것입니다. 그러나 '스타벅스 주요 고객의 감성적 니즈를 AI에게 상당 부분 맡기는 것이 옳은 마케팅 전략인가'에는 깊은 고민이 뒤따를 수밖에 없습니다. 스타벅스의 핵심 전략은 매장 내 고객과의 직접적인 상호작용과 커피 제조 과정의 경험을 중요시하기 때문에 전면적인 키오스크 도입에 소극적이고, 디지털과 오프라인 매장 경험을 결합하는 방식에 더 집중하고 있습니다. 즉 기술적 효율성도 중요하긴 하지만, 고객과 바리스타 간의 감성적 연결 역시 소비자 가치에는 핵심 요인으로서 이에 관한 인간 마케터의 직관이 여전히 중요합니다.

둘째, AI 의사결정의 한계를 보여주는 사례로는 H&M의 자동화된 재고 관리 실패를 주목할 필요가 있습니다. H&M의 AI 기반 재고 관리 문제가 주목받기 시작한 시기는 2018년경으로, 당시 회사는 약 43억 달러에 달하는 재고가 판매되지 않아 큰 어려움을 겪고 있었습니다. H&M은 재고 관리 및 공급망 속도에서 경쟁사인 자라에 비해 2배 가까운 시간 차이를 보였고, 이로 인해 빠르게 변하는 소비자 수요에 대응하지 못해 재고가 쌓이면서 매출이 하락하는 문제가 발생했습니다. 이러한 문제는 AI와 같은 신기술이 도입된 이후에도 발생했으며, AI 의사결정이 충분히 시장 변화와 트렌드를 반영하지 못한 사례로 평가됩니다.

이 문제를 해결하기 위해 H&M은 2018년부터 구글 클라우드와의 협력을 통해 AI와 머신러닝 기반 시스템을 공급망과 고객 경험에 적용하고, 데이터 기반의 의사결정 능력을 강화하는 방향으로 전환했습니다. 이를 통해 재고를 보다 효율적으로 관리하고, 매장과 공급망의 모든 데이터를 실시간으로 통합할 수 있는 시스템을 구축했습니다. 즉 완벽한 AI 마케팅 의사결정을 구축한다는 것은 대단히 난해하고, 너무나 많은 외부 변수를 통제해야 하기 때문에 이론상으로나 가능하고 실무적으로는 대단히 비현실적이라는 점도 인정해야 할 것입니다.

셋째, AI 마케팅 의사결정 능력에 대한 윤리적 문제도 제기되고 있습니다. AI 매거진(AI Magazine)의 연구에 따르면, 일부 AI 생성 광고는 명확하게 스폰서십을 표시하지 않아서 소비자들이 이를 유기적 콘텐츠로 착각하는 문제가 있었습니다. 이러한 광고는 소비자를 혼란에 빠뜨리고 신뢰를 훼손하는 결과를 초래했으며, 미국 규제 당국의 가이드라인을 지키지 않은 경우도 있어 법적인 문제로 이어질 가능성이 제기되었습니다. 이와 같은 윤리적 문제는 AI 마케팅 의사결정이 소비자 보호 측면에서 신중하게 이루어져야 함을 보여줍니다. 《하버드 비즈니스 리뷰(Harvard Business Review)》에 따르면, AI 광고와 마케팅의 경우 광고임을 명확히 표시하고, AI가 생성한 콘텐츠임을 알리는 것이 윤리적 기준을 준수하는 데 중요한 요소라고 합니다.

더불어 AI가 소비자 데이터를 이용해 결정을 내릴 때 개인정보 보호와 같은 윤리적 이슈를 엄격히 관리해야 하며, 이를 위한 새로운 규제 프레임워크가 필요하다는 소비자 요구가 늘어가고 있습니다. 특히 AI는 의사결정을 내릴 때 인간의 편견을 배제하는 것처럼 보이지만, 실제로는 데이터에 내재된 편견을 학습할 수 있다는 점도 유의해야 합니다. AI 알고리즘은 훈련받은 데이터에 따라 편향된 결정을 내릴 수 있으며, 이는 마케팅에서도 문제가 될 수 있습니다. 예를 들어 AI가 특정 소비자 그룹에게만 혜택을 제공하거나, 특정 인종이나 성별에 대해 차별적인 결정을 내리는 경우가 발생할 수 있습니다. 이 때문에 AI의 의사결정을 신뢰하려면 데이터의 투명성과 윤리적 책임이 필수적입니다.

결론적으로 AI의 마케팅 의사결정 능력은 빠른 데이터 처리와 개인화된 마케팅 전략 제공에 강점을 지니지만, 아직은 인간의 감성적 직관과 창의성을 보완하는 도구로서 제한적으로만 의존하고 특히 윤리적인 문제점을 사전적으로 예방하기 위한 노력이 필요하다고 생각합니다. AI에 지나치게 의존하면 전혀 예상치 못한 오류와 실수를 경험할 수 있으므로, 이와 같은 위험을 방지하기 위해서는 AI와 인간의 상호 보완적 역할이 필요하다고 판단합니다. 가트너는 AI가 마케팅에서 더 많은 역할을 맡게 될 것이지만, 기업은 AI가 내리는 결정에 대해 책임을 지는 시스템을 마련해야 한다고 강조합니다. AI의 예측과 추천이 항상 옳지 않을 수 있으며 그 결과에 대한 책임은 결국 인간이 지게 되므로, AI가 내리는 의사 결정은 인간의 감독 아래에서 이루어져야 하며 AI의 윤리적 문제를 해결하기 위한 노력도 함께 필요합니다.

02

AI 마케팅 전략

'마케팅'이라고 하면 어렵게 생각하는 분들이 많습니다. 물론 마케팅은 다양한 영역에 걸쳐 있기 때문에 어려운 것도 맞고, 어찌 보면 생활 속에서 자주 접하기 때문에 쉬울 수도 있습니다. 또 마케팅은 환경 변수에 영향을 받아 계속해서 변화합니다. 이 변화하는 갈대와 같은 사람들의 마음을 캐치하면서 성과를 내야 하기 때문에 시대의 흐름을 읽은 능력도 매우 필요합니다. 그리고 마케팅은 이성과 감성이 공존하는 업무이기 때문에 필자는 마케팅이라고 하면《냉정과 열정 사이》란 책이 늘 떠오릅니다.

이 책에서는 두 남녀 주인공이 공통적으로 '사랑'을 추구하지만 두 사람의 개별적인 상황으로 사랑이 어긋나는 경험을 보여줍니다. 개개인의 다른 경험, 냉철한 판단력이 덧붙여지지 않는다면 공통의 목적(사랑)을 달성하기 어렵다는 점이 마케팅과 닮아 있다고 생각합니다. 감성적인 경험과 냉철한 이성의 적절한 판단이 조화를 이룰 때 도달하고자 하는 목표를 만들어낼 수 있고, 이는 마케팅에서 가장 중요한 부분이라는 생각이 듭니다. 그래서 마케팅을 얘기하기 위해서는 하나의 캠페인만 볼 것이 아니라 물건이 팔리고 있는 환경, 고객의 구매 여정을 담은 데이터, 그리고 크리에이티브에 대한 반응 등을 종합적으로 판단해야 합니다.

예전에 비해 제품을 구매하는 경로가 넓어지고 있습니다. 과거에는 두부를 사려고 하면 가까운 슈퍼마켓에 다녀오는 것이 기본이었습니다. 가까운 슈퍼마켓에서 할인을 하면 2개 사두고 할인을 하지 않으면 필요한 양만큼 사는 것이 쇼핑의 기본이었습니다. 그러다가 마트라는 개념의 리테일들이 들어오면서 소비자들은 좀 멀더라도 가격이 싸고 물건이 다양한 곳으로 가서 제품을 구매하게 되었습니다. 코로나와 함께 빨라진 커머스 시장에서는 두부를 사기 위해 새벽 배송을 하는 마켓컬리, SSG, 쿠팡프레시, 오아시스를 고려해보거나 당장 배달받을 수 있는 배달의민족의 B마트를, 그것도 귀찮으면 두부로 요리된 음식을 쿠팡이츠나 배달의민족, 요기요로 주문을 하면 됩니다.

식품과 달리 다른 공산품의 구매 경로는 더 복잡합니다. 예를 들어 치약을 산다고 하면 가격이 저렴한 오픈마켓, 당장 빨리 받을 수 있는 쿠팡, 쓱배송, 내가 좋아하는 인플루언서가 소개하는 공동구매, 라이브 커머스, 클라우드 펀딩 등 다양한 곳에서 비교하고 선택지를 고를 수 있게 되었습니다. 이런 유통의 변화는 그로스 마케팅(Growth Marketing) 전략의 변화를 불러옵니다. 경쟁자가 별로 없는 시절에는 고객들이 유입을 잘할 수 있는 전략에 집중해야 하고, 경쟁자가 많이 늘어나게 되면 우리 고객들을 다른 경쟁사에게 빼앗기지 않기 위한 록인 전략에 집중해야 합니다. 그리고 틈틈이 고객들이 나의 브랜드를 잊지 않도록 인지도 제고를 위한 브랜딩 광고도 집행해야 합니다.

그런데 이제 AI로 인해 쇼핑의 패턴도 변화의 물살을 타게 되었습니다. 이를 살펴보기 위해 먼저 소비자들이 구매하는 패턴에 대해 살펴보겠습니다. 소비자들이 구매를 하는 패턴에는 두 가지 방식이 있습니다. 첫 번째는 목적형 쇼핑이고 두 번째는 발견형 쇼핑입니다. 목적형 쇼핑은 소비자들이 정확하게 원하는 제품을 타깃으로 하여 검색하는 것으로 구매 여정을 시작합니다. 그래서 커머스 업체들은 소비자들이 찾을 것 같은 키워드를 중심으로 검색 광고도 하고 검색 엔진 최적화(SEO) 작업도 하게 됩니다. 그리고 가장 싼 가격을 앞으로 노출하여 구매를 유도합니다. 발견형 쇼핑 (충동형 구매)은 말 그대로 자유롭게 모바일 여기저기를 탐색하다가 눈에 훅 들어오는 제품을 보고 바로 구매를 하는 것입니다. 특

목적형 쇼핑과 발견형 쇼핑

히 저를 포함해 많은 분들이 예쁜 옷이나 예쁜 리빙 소품들을 보고 딱히 지금 필요하지는 않지만 꼭 사야만 할 것 같은 기분이 들어 구매하고 나서는 후회하는 경우가 있는데, 이것이 발견형 쇼핑에 해당합니다.

굳이 여기에서 목적형 쇼핑과 발견형 쇼핑에 대해 이야기한 이유는 앞으로 다가올 AI 마케팅 때문입니다. AI 마케팅 혹은 AI 구매는 계속 발전 중인데 그 발전 방향은 내가 굳이 발품을 팔거나 이 사이트 저 사이트 비교를 할 필요가 없어진다는 것입니다. 예를 들어 갑자기 아이가 팬케이크가 먹고 싶다고 합니다. 냉장고에는 아무것도 없습니다. 그럼 일단 핸드폰을 먼저 찾습니다. 음성으로 당장 "팬케이크를 만들어야 해. 재료를 사줘"라고 이야기합니다. 그러면 AI는 직접 물건을 찾아서 가장 빠른 배송과 가장 낮은 가격, 그리고 나의 성향에 맞는 유기농 제품을 골라 구매하고 결제까지 자동으로 하게 됩니다. 그리고 몇 분 뒤 집에 팬케이크를 만들 수 있는 재료들이 모두 배달됩니다. 그럼 필자는 핸드폰에 전송한 말 한마디로 신선한 팬케이크 재료를 구매하고, 아이에게 팬케이크를 금방 만들어줄 수 있는 최고의 엄마가 되는 것입니다.

이 예시는 AI로 인해 변화될 앞으로의 목적형 쇼핑 여정을 담고 있습니다. 지금까지는 목적형 쇼핑을 하려는 사람들에게 검색 광고, 키워드 광고, 리타깃팅 광고를 통해 구매 전환율을 높여왔습니다. 물론 새로운 신제품 소개 혹은 브랜딩 소재를 활용해 인지도를 높이기 위해, 또는 플랫폼의 트래픽 유입을 위한 광고도 비즈니스 상황에 따라 집행을 합니다. 그러면 앞으로 AI가 직접 구매를 진행할 시기에는 이러한 광고들이 잘 적용될까요? 물론 이러한 광고들이 아예 없어지지는 않겠지만 지금보다 그 중요도와 역할이 확실하게 줄어들 것이라고 생각됩니다. 우리가 쓸데없이 AI를 대상으로 광고를 할 필요는 없어질 테니까요. 그러면 마케터들은 앞으로 무엇에 집중을 해야 할까요? 앞에 힌트가 있습니다. 목적형 쇼핑이 아닌 발견형 쇼핑에 집중하면 됩니다.

발견형 쇼핑은 반드시 지금 사지 않아도 되는 제품을 구매하게 만드는 것을 말합니다. 사실 살 생각이 없는 사람을 구매자로 만드는 것은 정말로 어려운 일입니다. 그런데 AI가 보편화되면서 발생될 일들을 생각해보면 마케터가 발견형 쇼핑을 일으키는 것도 그렇게 어려운 일이 아닐 것이라는 생각도 듭니다. AI는 여러 차례 언급했듯이 우리의 생산성과 노동력에 큰 영향을 주고 앞으로도 줄 예정입니다. 19세기 평균 노동시간은 주당 60~80시간이었고 2023년 미국 노동 통계청 기준 34.4시간, OECD 기준 대한민국은 40시간이라고 합니다. 물론 K-직장인들에게 확 와닿는 통계는 아니긴 하지만 산업혁명을 겪으면서 우리는 확실히 우리의 조상들보다 일하는 시간을 적게 사용하고 있습니다. 그리고 소득도 과거에 비해 늘었습니다. 물론 말도 안 되게 비싸진 집값 때문에 가처분소득이 줄어들어 이를 체감하지 못하는 가정들도 있겠지만, 우리나라가 아닌 전 세계적인 추세로 보자면 소득도 늘고 노동시간이 줄게 되니 여유 시간도 늘게 됩니다. 소득이 높아지면 다양한 여가 활동에 참여할 수 있는 기회가 늘어납니다. 예를 들어 여행, 스포츠, 문화 활동 등 더 많은 여가 선택지가 생기며 전반적인 삶의 만족도가 증가하게 되었습니다.

서학개미분들은 잘 아시겠지만 미국 주식시장 상위에 랭크되어 있는 기업들은 빅테크이거나 콘텐츠를 생산하는 기업들이 대부분입니다. 게다가 이런 빅테크 기업들이 2024년 상반기 기준 144조 원을 투자했고, 연말까지 2배 이상 투자가 늘어날 것으로 전망하고 있습니다. 물론 캠핑을 가거나 스포츠 레저 활동을 하는 등 여가를 즐기는 방법은 여러 가지가 있겠지만 모바일이 하나의 삶 속에 들어와 있는 우리에게는 콘텐츠를 소비하는 것이 큰 여가 활동이기도 합니다. 그래서 콘텐츠는 지속적으로 발전하고 있으며, 코로나로 인해 가속화된 콘텐츠의 변화는 소비와 삶의 패턴도 바꿔놓고 있습니다.

발견형 쇼핑을 늘리기 위해서는 어떤 마케팅 활동을 하면 좋을까요? 앞서 콘텐츠를 소비하는 것이 여가 활동이 되어버렸다라고 정의한 것처럼, 놀다가 우연히 발견하게 되는 재미 요소, 그리고 공감을 기반으로 하는 팬이 되도록 해야 합니다. 그리고 AI 시대에 가장 중요한 콘텐츠의 핵심은 언어 중심이 아닌 감정 표현과 공감 능력이라고 생각합니다. 아무리 AI가 그림을 잘 그려도, 카피를 멋지게 뽑아내더라도 결국 사람의 마음을 움직이지 못하면 아무 사용이 없기 때문입니다. 뒤에서 다양한 콘텐츠 유형에 대해 말씀드리겠지만, 결국 AI가 보편화되면 사용자 중심의 개인화된

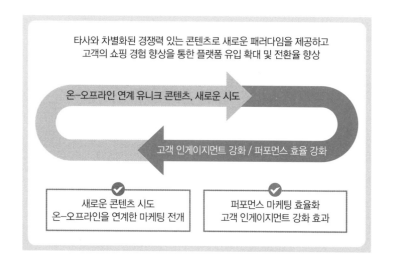

콘텐츠와 상호작용하는 것이 가장 중요한 핵심이 될 것입니다. 그래서 예전처럼 콘텐츠 따로, 퍼포먼스 따로가 아닌 관계를 중심으로 한 구매 여정 단계별 개인화된 콘텐츠 전략과 이에 맞는 퍼포먼스 전략이 결합되어야 시너지가 날 수 있습니다.

1) 모바일로 변화하는 세상

오늘날 대부분의 사람들은 스마트폰을 통해 콘텐츠를 소비합니다. 스마트폰의 편리성과 이동성을 통해 언제 어디서나 콘텐츠에 접근할 수 있게 되면서 모바일 중심의 콘텐츠 소비가 일반화되었습니다. 특히 짧고 간결한 형식의 콘텐츠가 인기를 끌고 있기 때문에 요즘은 숏폼이 대세가 되고 있습니다. 중국의 경우 숏폼 드라마 시장이 10조 원이 넘어간다고 하니, 전 세계적으로 숏폼이 얼마나 급성장 중인지 이를 통해 짐작해볼 수 있습니다.

2) 이제 모두가 보는 스트리밍 서비스

넷플릭스, 유튜브, 디즈니 플러스와 같은 스트리밍 서비스는 이제 생활이 된 것 같습니다. 이들 플랫폼은 사용자가 원하는 시간에 원하는 콘텐츠를 시청할 수 있는 온디맨드(On-Demand) 서비스를 제공하여 전통적인 TV 시청 방식을 대체하고 있습니다. 특히 〈오징어 게임〉을 통해 K-콘텐츠를 전 세계에 알려준 넷플릭스와 같은 플랫폼에서는 몰아보기 문화가 확산되고 있고, 개인화를 통한 콘텐츠 추천도 점점 고도화되고 있습니다.

3) 여전한 소셜 미디어의 인기

페이스북, 인스타그램, 틱톡과 같은 소셜 미디어 플랫폼은 콘텐츠 소비의 주요 채널로 자리 잡은 지 오래입니다. 마케팅을 하면서 페이스북, 인스타그램 다음에 어떠한 소셜 미디어가 나올지 궁금했었는데, 아직까지 이들을 대체할 만한 이렇다 할 소셜 미니어가 탄생하지는 못했습니다. 소셜 미디어는 사용자들이 직접 콘텐츠를 제작하고 공유할 수 있다는 특징 때문에 디지털 네이티브들의 개성을 드러낼 수 있고, 이러한 콘텐츠는 종종 자본주의의 영혼을 가지고 제작된 상업적인 콘텐츠보다 더 큰 공감을 얻어 빠르게 확산됩니다. 소셜 미디어는 자신만의 콘셉트를 표현할 수 있는 수단으로 당분간은 인기가 사그라들 것 같지 않습니다.

4) 나보다 나를 더 잘 알아주는 개인화된 콘텐츠

알고리즘을 통한 개인화된 콘텐츠 추천 시스템이 발전하면서 유저들은 자신들이 선호하는 콘텐츠를 더 쉽게 찾을 수 있게 되었습니다. 버티컬 쇼핑몰이나 스트리밍 서비스 등 데이터가 확보된 플랫폼들은 유저들의 과거 행동을 분석하여 개인 맞춤형 콘텐츠나 제품을 추천합니다. 가끔은 나도 몰랐던 나의 취향을 알려주기도 하고, 편리하게 콘텐츠를 소비할 수 있게 해줍니다.

5) 실시간 소통이 대세

라이브 커머스, 유튜브 라이브, 인스타그램 라이브 등 실시간 스트리밍 서비스의 인기가 최근 들어 주춤해지고 있긴 하지만, 여전히 고객과의 소통 측면에서는 많은 의미를 지니고 있습니다. 과거에는 물건을 소개하고 판매하는 것에 집중했다면, 이제는 '스토리'를 전달하는 수단으로, 또 디지털 놀이 공간으로서의 역할을 더하고 있습니다. 실시간으로 시청자와 소통하고, 즉각적인 피드백을 주고받아 더 높은 참여도와 커뮤니티 형성을 촉진하게 되면 더 이상 라이브 스트리밍은 구매가 아닌 생활과 문화의 공간이 될 수 있고 이를 지속시켜나갈 때 진정한 팬들이 만들어지게 됩니다.

역사는 반복됩니다. 청동기 시대는 철기 문명을 빠르게 받아들인 이들에 의해 사라졌고, 산업혁명은 사회적 계층의 급속한 변동을 이끌었습니다. 이제 AI를 어떻게 먼저 활용하느냐에 따라 미래가 크게 달라질 것입니다. 이는 세대와 상관없이 모두에게 적용되며, 특히 앞으로의 미래를 살아갈 알파 세대에게는 지금부터의 준비가 매우 중요할 것입니다. AI를 지배할 것인가, 아니면 AI에게 지배당할 것인가? 이에 대한 해답은 AI를 받아들이고 활용하며 발전시키는 개인의 의지에 달려 있습니다. 차별화, 도전, 그리고 문해력이 바탕이 된 AI와의 공존은 앞으로의 삶을 더욱 풍요롭게 발전시키는 데 중요한 역할을 할 것입니다.

03

AI와 공존하기

분석력이 없이 살아남을 수 없다

인터넷의 발달과 함께 우리는 정보의 홍수 속에 빠져 살고 있습니다. 매일같이 엄청난 양의 데이터가 쏟아지고 있습니다. 과거에는 데이터를 갖고 있기만 해도 권력을 누리던 시기가 있었습니다. 인터넷의 발달과 함께 데이터나 정보가 모두에게 평등하게 제공되면서 사회의 패러다임이 많이 바뀌게 되었습니다. AI 시대에 접어들면서 우리는 또 한 번 새로운 물결을 맞이하고 있습니다. 인터넷 보급 때처럼 엄청나게 많은 데이터가 생성되고 있습니다. AI

시대는 단순 데이터의 양도 늘어나지만, 데이터를 활용하는 부분도 과거와는 많이 달라지고 있습니다. 데이터를 어떻게 해석하고, 그로부터 어떤 결론을 도출할 수 있는지가 중요합니다. 바로 이 점에서 '분석력'이 그 무엇보다 AI 시대에 중요한 역량으로 자리 잡고 있습니다.

앞에서 다양한 사례들을 바탕으로 AI 기술이 데이터를 어떻게 처리하는지, 또 AI를 어떻게 활용해 마케팅을 할 수 있는지에 대해 살펴보았습니다. AI 기술은 데이터를 처리하고 패턴을 식별하는 데 매우 중요한 역할을 하고 있음에는 모두가 동의할 것입니다. AI 자동화로 인해 데이터 구조를 잘 갖춘 대기업부터 작은 규모의 비즈니스를 하는 사람까지 우리 모두가 고객들의 구매 행동을 분석할 수 있습니다. 그리고 AI는 단순히 고객의 구매 행동을 분석하는 것에 그치는 것이 아니라, 고객들의 행동에 대한 의미를 분석하고 또 예측을 해주기도 합니다.

그런데 여기에서 데이터를 분석할 수 있는 사람을 보유하고 있는 곳과 그렇지 않은 곳에서의 아웃풋 차이가 발생하게 됩니다. 아무리 AI가 데이터를 분석하고 전달해주어도 이 데이터를 의미 있는 데이터로 만드는 것은 사람의 몫이기 때문입니다. 기존의 경험에 비추어, 아니면 시장에서 얻은 인사이트를 바탕으로 빠르고 정확하게 만들어진 데이터를 갖고 어떠한 의사결정을 하거나, 또는 결론을 내리는 것은 데이터를 분석하는 사람이 감당해야 하는 일입니다. AI는 데이터를 수치화하고 패턴을 찾아낼 수 있지만, 그 패턴이 실제로 어떤 의미를 가지는지, 어떤 결론을 도출해야 하는지는 인간의 분석력에 달려 있습니다. 예를 들어 AI가 특정 상품의 판매량이 급증하고 있다는 사실을 발견했다고 하더라도 그 원인이 무엇인지, 그리고 이를 어떻게 활용할지 결정하는 것은 분석력을 갖춘 사람의 역할입니다. 이는 단순한 데이터를 넘어 데이터가 의미하는 바를 깊이 있게 이해하고, 이를 바탕으로 전략을 세우는 것으로 꽃을 피울 수 있습니다.

비즈니스 환경에서 분석력은 단순히 경쟁 우위를 제공하는 것이 아니라, 생존을 위한 필수적인 역량이라고 생각됩니다. 많은 기업이 데이터를 기반으로 한 의사결정을 통해 시장에서의 경쟁력을 증진시키고 있으며, 이 과정에서 잘못된 분석은 회사의 큰 리스크로 작용합니다. 코로나 초기에 많은 기업이 시장의 급격한 변화에 대응하기 위해 데이터를 분석하고, 그에 따라 신속하게 전략을 수정했었습니다. 특히 코로나의 감염 위험을 줄이기 위해 정부에서 거리두기 정책을 시행했고, 또 사람들 스스로도 오프라인 대면 모임들을 취소했습니다. 이렇게 사람들이 모여들지 않고 재택근무, 재택교육 등이 이루어지는 것을 데이터로 접근하여 갑자기 성장한 기업들이 많이 있었습니다. 재택으로 인해 인테리어와 홈데코 시장의 성장을 이끈 오늘의집이 그러했고, 버티컬 패션 몰들은 집에 머무르는 시간에 입을 수 있는 원마일 웨어를 주요 상품으로 큐레이션하는 순발력을 보여주었습니다. 이러한 상황에서 분석력이 부족한 기업, 즉 시장의 변화를 제대로 이해하지 못한 곳들은 큰 손실을 입었고, 일부는 생존조차 어려웠습니다.

기업들이 데이터를 활용해 민첩하게 시장에 대응하니 소비자들의 니즈 역시 점점 세분화되기 시작했습니다. AI가 막 도입되고 있는 지금 이 시점에도 초개인화를 위해 우리의 CRM 팀들은 열심히 세그를 나누고 데이터를 분석하고 있습니다. 고객들의 구매 이력을 바탕으로 개인화된 상품을 추천해주고, 대체재나 보완재의 콘텐츠를 제공해주는 것은 이제 너무나도 당연한 것이 되었습니다. 이런 상황에서 필요한 것이 또 분석력입니다. AI 도입 전에는 과거의 데이터를 바탕으로 고객들에게 오퍼링을 했다고 한다면, 이제는 미래의 행동을 AI를 통해 미리 예측하고 이에 맞는 CRM 전략을 세우고 실행할 수 있습니다. 이러한 분석을 하는 것 역시 사람입니다.

분석력은 비단 비즈니스 영역에만 국한되지 않습니다. 일상생활에서도 분석력은 매우 중요한 역할을 합니다. 예를 들어 우리는 건강 관리를 위해 다양한 데이터를 수집하고 분석할 수 있는 시대에 살고 있습니다. 스마트워치를 통해 수면 패턴, 심박수, 걸음 수 등을 기록하고, 이를 바탕으로 자신의 건강 상태를 파악하고 개선하기 위해 노력할 수 있습니다. 또 여행을 계획할 때 AI가 많은 도움을 줄 수 있습니다. 여행지를 선정하는 데 있어 내가 가려고 하는 목적에 맞추어 목적지의 날씨, 경비, 안전 등을 분석해 최적의 여행지를 선택하는 것이 필요합니다. 이 과정에서 단순히 표면적인 정보를 넘어 다양한 요인들을 종합적으로 고려하고 분석하는 능력이 요구됩니다. 그리고 여행의 루트를 짜거나 가장 저렴하게, 아니면 가장 럭셔리하게 여행을 예약하는 쉬운 방법을 제공받을 수도 있습니다.

많은 분이 이 책뿐 아니라 다른 많은 AI 책을 읽으면서 앞으로 AI 시대를 살아갈 아이들에게 중요한 역량이 분석력인 것은 공감하셨을 것이라고 생각됩니다. 이 분석력은 현재를 살고 있는 우리 모두에게도 필요한 역량입니다. AI와 데이터가 우리의 삶에 깊숙이 들어오고 있는 지금, 데이터를 어떻게 분석하고 해석하는지에 따라 우리의 미래가 결정될 것입니다. 개인의 성공, 사업의 성공뿐만 아니라 일상생활에서의 올바른 판단과 선택을 위해서도 분석력은 필수적입니다. AI 시대에 우리 모두가 살아남기 위해서는 AI에 대한 학습과 분석력을 기르는 것이 정말 중요합니다.

분석력을 기르기 위해 필요한 것

○─○

필자는 현장에서 20년 넘게 현업을 경험했던 마케터이지 교육 전문가는 아닙니다. 제가 일을 하면서 분석력이 필요했던 순간들, 그리고 같이 일하는 동료분들 중에서 분석력이 뛰어났던 분들과의 경험을 바탕으로 앞으로 우리는 분석력을 기르기 위해 어떤 것을 하면 좋을지 이야기해보겠습니다. 앞에서도 이야기했지만, 마케팅이라는 것이 이성과 감성의 교차점에 있는 학문이다 보니 모든 것은 분석에서부터 시작됩니다. 그래서 마케팅을 하는 사람들은 다양한 학문과 지식에 관심이 많습니다. 그리고 그러한 사람들이 대체로 시장에서 성공하는 것을 많이 볼 수 있었습니다.

분석력을 기르는 데 바탕이 되는 학문이 무엇일까 생각해보면 인문학, 철학, 통계학, 수학과 같은 기초 학문인 것 같습니다. 인문학은 올바른 결론을 도출하고 논리적 오류를 피하는 데 필수적이며, 통계학은 데이터를 분석하고 결과를 해석하는 능력을 길러줍니다. 또한 수학을 통해 복잡한 문제를 체계적으로 접근하는 기초를 다질 수 있으며, 철학적 사고는 깊이 있는 분석을 가능하게 해줍니다. 이와 함께 문해력도 분석력의 중요한 요소입니다. 문해력은 텍스트를 읽고 이해하며 비판적으로 평가하는 능력을 말하는데, 사실 문해력이 없으면 회사에서 함께 일하기 쉽지 않습니다. 문해력이 있어야 복잡한 정보와 데이터의 해석을 잘할 수 있기 때문입니다. 높은 문해력을 갖추면 다양한 데이터를 효과적으로 통합하고, 논리적으로 가설을 세우며, 그 근거에 기반하여 결론을 도출할 수 있습니다. 저의 이러한 생각 때문에 필자는 아이에게 영어보다는 수학을 좀 더 강조하는 것 같습니다. 수학적인 사고가 바탕이 되어야 앞으로 문제가 발생했을 때 체계적으로 접근하여